创业之路

林南通回忆录

林南通 著

上海财经大学出版社
SHANGHAI UNIVERSITY OF FINANCE & ECONOMICS PRESS

图书在版编目(CIP)数据

创业之路:林南通回忆录/林南通著. —上海:上海财经大学出版社,
2024.8
ISBN 978-7-5642-4330-2/F·4330

Ⅰ.①创… Ⅱ.①林… Ⅲ.①林南通-回忆录 Ⅳ.①K826.13

中国国家版本馆 CIP 数据核字(2024)第 035974 号

□ 责任编辑　台啸天
□ 书籍设计　贺加贝

创业之路
——林南通回忆录

林南通　著

上海财经大学出版社出版发行
(上海市中山北一路 369 号　邮编 200083)
网　　址:http://www.sufep.com
电子邮箱:webmaster@sufep.com
全国新华书店经销
苏州市越洋印刷有限公司印刷装订
2024 年 8 月第 1 版　2024 年 8 月第 1 次印刷

787mm×1092mm　1/16　15.5 印张(插页:4)　237 千字
定价:99.00 元

林南通先生七十八岁时的照片

蔡絮吟女士六十二岁时的照片

林南通、蔡絮吟夫妇在新西兰（2002年春）

林南通的长子、宏川集团董事长林海川先生

数百年旧家无非积善，第一件好事还是读书

一

中国有句很美的成语，叫"芝兰玉树"。说的是东晋宰相谢安家的子孙儿女们，就像芝兰玉树生长于庭院中一样，一代接一代，永不衰竭。当时的显贵们都很羡慕谢家，有个朋友忍不住问谢安："也没见你教导子女呀，他们怎么就一个个成了芝兰玉树？"谢安说：最好的家教，就是为父母者做好自己。

2023年秋天，我在江苏太仓与林南通先生和蔡絮吟女士相聚时向南通先生和絮吟女士求教，问他们的孩子海川和海天两兄弟因何如此优秀，他们的回答如出一辙。

此时，大疫初过。个人渺小，天地苍茫。南通先生依然乐观繁忙，他信奉勤劳和善意，踏踏实实地做着手边的事情。

自林氏高祖以来，代代相传的敬天和济贫，早已形成了广东省普宁县林氏家族的基因。"家虽贫，但一定要敬天；日子虽穷，但一定要济贫。""自己虽然穷，但还应尽力救济更困难的人，能帮则帮。"在南通先生的记忆中，这是再自然不过的事情。因此他当年在沧州把自己仅有的十几元"巨资"倾囊相赠一个罹患癌症的家庭并郑重地记下"这是我一生中做的第一件善事。"不掺任

何私利的帮助是那一辈人的价值观和为人之道。

以善之名,扬善传家。世代积累,秋实春华。

这本回忆录中的每一张照片,每一个人物的表情、衣着、发型无不透露着岁月的印记,时代的沧桑。穿行其间,我仿佛和南通先生一家在生命交汇中一路走来。

那些珍存的照片,让我们在一个个历史的定格里重温当年的岁月。从祠堂中的小学到洪阳镇上的初中,从饥寒辘辘的高中到北上天津求学,从被人看不起的入学最后一名到班级第一名和实验能手,从身体羸弱到把乡村劳动当作强身健体的方法,从和絮吟女士人生初见到成家立业及海川、海天相继出生……

岁月更迭,有机遇有转折,更有祸福相伴的初入社会。从不惧白眼投身激发自己潜能的各项工作,到从工人到所长到茂名石化公司的劳动模范,从1987～1989年间的工作变化到领导外事工作。从负责宏川东莞三江公司的库区建设,到转战江苏太仓阳鸿库区的改造工程及全国各地的库区建设改造,南通先生命运辗转,唯其弘毅、勤力、有为、自强不息的品格,贯穿始终。

在南通先生的信念里,任何工作,任何时候都要全力以赴。

十八岁的时候,从来没有离开过普宁县的他,一下子就跑到天津读大学,一路上经历了许多波折。他说"我深深地感到当时的民风确实好,社会上处处听到的是'我为人人事事福,人人为我处处春'的口号。这就是二十世纪六十年代,我们的国家。"在南开大学求学的四年时间,他从未回过家,所有的假期都泡在实验室里。四年寒窗,南通先生获得了知识、技能、为人的三重羽翼,自此在他的人生道路中,学习的烛光从未熄灭。他于危机时代的困厄和感悟,于今天仍有其意义。他因此习得自立、灵活、坚韧的品质,并受益终生。

1969年1月,南通先生参加工作初到茂名石化公司,工作之余依然孜孜不倦地学习。他说:"我相信,到哪里我都能把工作做好。"那些日子他总是用晚上的时间,自己在家边学习边翻译日本科学家樱井俊男的著作《摩擦与润滑》一书,他用近一年的时间把这本书全文笔译下来(译稿于1986年出版,并作为茂名石化公司普及润滑油知识的读物）。1994 年,南通先生成为享受国务院政府特殊津贴的专家。

南通先生对时间的珍惜可以用吝啬来形容。"我在家里的客厅特意安装了一个挂钟以报时,一般来访客人在九点以前必须告辞,我不愿意一些人在我家无休止地闲聊,影响我及家人的学习和工作。"

这时絮吟女士已经在茂名石化医院小有名气,方圆百里的老百姓都知道有这样一位德艺双馨的好医生。

那些年,经絮吟女士收治的不孕症患者有五百余例,治愈率达 70％以上,因此她被当地百姓誉为"送子观音",声名远播。"她在任何时候都是那样专注投入,一丝不苟地询问、诊断、处方,还要千叮万嘱,具体而微……"据当时的《茂名日报》的记者报道,蔡絮吟的"三部曲"是看病、科研、教学。她走到哪儿便被患者"堵截"到哪儿。她吝惜时间,连走路也步履匆匆,她的分分秒秒都汇入患者的生命里去了。

1946 年 11 月,絮吟女士出生于浙江省松阳县一个知识分子家庭,父母均在武汉同济医科大学工作。她从小便受到家风濡染,立志长大了当一名出色的医生。她说:"当一个人有了梦想,就浑身上下充满了力量"。1970 年,絮吟女士以优异的成绩毕业,被分配到湖北省英店基层医院工作。1968 年年底,她和南通先生相爱,1970 年年底结婚,1974 年调入茂名石化医院妇产科。这期间海川在湖北出生。在行医的三十年间,絮吟女士在省级以上医学刊物发表论文十余篇,译文四篇,担任《卵巢肿瘤学》一书部分编写任务,著述多次获奖。1999 年 4 月,絮吟女士成为享受国务院政府津贴的专家"。

在事业上不断取得成就的同时,絮吟女士从未放松过对孩子的引导。她和南通先生一样对孩子的教育抓关键点。不管工作如何繁忙,他们对孩子成长的重要节点从来不会错过。

二

海川从小做事认真,他善于独立思考。放学回到家除了必要的体育活动,比如打羽毛球外,就是学习。吃完晚饭背起书包就往学校跑,晚自习回到家还继续学习到深夜。有时父母劝他早点休息,他说晚上精神好,效率高,可以多学一会儿,反而让父母早点休息。海川的这个用深夜时间学习和工作的习惯一直保持到今天。

南通先生分析海川考得好成绩的原因是:他平时学习认真、踏实,基本功扎实,再就是他镇定,遇事沉得住气,不慌张。因此,在每次大考他都有超水平的发挥。这一点后来在海川的学习和工作中屡屡重现,比如 2018 年春宏川上市的答辩会上他对答如流,赢得赞誉。天道酬勤,天道更酬德。海川的经验告诉我们,只要我们愿意做时间的朋友,不断正向累积,我们就会一再验证这些古老而朴素的真理。

海川大学毕业后,凭父母在茂名石化公司的有利条件,他完全可以回到父母身边,找一份安稳舒适的工作。但他不愿意生活在父母的庇护中,他要闯出一条自己的路。于是他应聘到东莞一家贸易公司工作,直到创办"宏川"。三十年如一日,他在自己的领域中勤力耕耘,躬身前行,不断聚焦,创造了一个又一个的行业奇迹。以人为本的宏川集团无处不传递着"亲情、满意、领先、沟通、协作的文化"。在我看来,这恰恰是其家族文化的底蕴。而其以"关爱员工为核心的"企业价值观汇聚了众多英才,并营造出一个友善企业的浓厚氛围。

海天高考前,学校开最后一次家长会。南通先生依然第一个来到会议室并坐在第一排中间位置,认真地听老师分析当年高考的形势,并和海天讨论决定应采取的对策。那一年高考海天以 900 分的总成绩,名列广东省高考理科第一名,并考取北京大学——他是茂名建市三十多年来的第一个省高考状元。听到这一消息时,南通先生刚好在非洲出差,全家都非常喜悦。海天当时被人们称为"理科状元",成为传媒争相报道的"新闻人物"。用他父亲南通先生的话说,海天以读书为人生第一乐事,全心全意地读书,心无旁骛。他有严格的作息时间表,并且风雨无阻,持之以恒。

海天九岁的时候,他在楼下捡到了五十元钱,这在当时可是一笔巨款。

南通先生得知后语重心长地对海天说："钱是别人的，我们肯定不能要。如果交到学校，会得到老师的表扬，老师写一张招领启事贴到校门口，但失主不一定能看到启事，那样就不能领回钱，你只能图个虚名，不算是真正做好事。如果你想找到失主，可以写一张启事贴到捡到钱的地方……"后来失主上门千恩万谢。此事给海天留下了深刻的印象，让他认识到做好事不是为了表扬，而是诚心诚意、实实在在地帮助别人。做好事，更要做实事，更要实实在在做好事。相信这些点点滴滴都早已印记在了海天、海川的心中——利他、务实的人生观就此形成。

厦门大学、北京大学都是国内顶级学府。林家一门双秀，在当时的茂名地区引起了不小的轰动。大家都很好奇：这一家人是怎么做到的？在那一年的"五好家庭"巡讲中，絮吟女士总结了四个经验：一是充满生机活力的家庭是孩子成长的好土壤，二是父母要当好孩子的第一任老师，三是要给孩子一个自由飞翔的天空，四是身教胜于言教。她说："对于孩子学习上的每一个进步，我们都及时肯定、鼓励。不知不觉中，在夫妻之间、孩子之间、父母与孩子之间形成了奋发向上、你追我赶的家庭氛围。可见，一个祥和温馨、自强不息的家庭环境对于子女的健康成长是十分重要的。"

二老对兄弟两个的教育是自由和民主的："我们从不勉强孩子，尽量给孩子的心灵松绑，尊重他们的个性和自尊心，大人与小孩都可以互相探讨问题、交流思想、各抒己见，家长只做宏观上的'导航'，不具体而刻板限制他们，尽量启发孩子的心智，让他们保持独立的个性，调动他们的天赋和潜能。"

目前海川创办的宏川集团已经上市，并成为行业翘楚。海天在新加坡一边经营自己的公司一边养育一双儿女，日子过得安稳惬意。除非特殊情况，通常每隔一年南通夫妇就会到新加坡过年，和海天全家团聚。

三

因为工作的紧促和自我要求甚高，南通先生的回忆录断断续续写了二十多年，我有幸参与了后期的修编工作，其过程如同和南通先生共同走过他们一家人几十年的岁月。掩卷之余,我感慨万千,心中亦常是赞叹。南通先生半生求学、创业、科研、养家、育儿,报效企业和国家,其奋斗历程如一幅绵绵不绝的画卷,在我们面前徐徐铺展。"道德义务是有重量的。"本书既是他的个人史、家族史,更是一部跌宕起伏的时代史。

风雨载途,南通先生是一位行动主义者,他知道思虑并不能带来答案,因为答案很可能就躲藏在行动背后。

在东莞的期间,我常和海川利用早上的时间去散步。海川和我常常早晨六点左右开始绕行虎英公园,我们边走边聊,企业、社会、人生,无不畅谈。海川以方向明确、步伐清晰、富有节奏的线性前进。在日拱一卒的行进中,推开了庞杂的信息和彷徨中的随波逐流,提供了现世中可贵的惯性。借着海川所说的惯性,很多小小的存在主义危机得以一一化解,事业、家庭、人生稳步前行。

南通先生一家的跌宕起伏的创业历程实在是有必要记录下来的,除了后辈温故传承,我相信凡是读到这部传记的朋友们都会从不同的角度有所获得。法国思想家保尔瓦雷里曾说:"真正的传统不是单纯效仿他人做过的事,而是重新挖掘出成就美好事物的精神所在。"南通先生一家的经历和成就诠释了这句名言。其个人精神、家族精神也正是一个传统的中国人的精神。辜鸿铭先生在《论中国人的精神》一书中说过这样一句话:"温良,是一种力量,是一种同情和人类智慧的力量。"温良和善,正是普宁县林氏一脉的底色,更是一种传承。身为五千年传统的中国人,每一个家族骨子里都自有其精神,事实上以父母为榜样,以家族长辈为榜样,体会他们的内在精神,耳濡目染应该是最好的最近的学习。

变则通,通则久。坚持、奋斗、勤生智、定生慧在南通先生的半生经历之中处处都折射出种种东方智慧的灵光。他顺应时代,同时还毫不懈怠地去完成梦想,承担起保护所爱之人的责任,南通夫妇切实担负起做父母的责任。他们的价值观念惊人地相似,"这才是夫妇之间最为珍贵的部分"。他们的共同特点是:老老实实做人,勤勤恳恳做学问,兢兢业业工作。严谨的治学、成就志业和报效国家的热忱贯穿着他们几十年的人生轨迹。自强不息、奋发向上的精神构成林家的主旋律。

南通先生在青年时期阅读的小说中,对他影响最大的是柳青写的《创业史》。"人生的道路虽然漫长,但要紧处常常只有几步,特别是当人年轻的时候。"南通先生正是掌握了自己人生关键几步的人。

虽说每一代人有每一代人的命运和使命,各不相同,但总有些精神内核是固定不变的,比如在困苦坎坷中的奋斗精神,比如善良、温厚、耐心,比如倾听、陪伴、支持。絮吟女士说:"孩子属于未来,我们只有把孩子培养成既有优秀品格又有真才实学的人,切切实实地去报效祖国,奉献社会,才算完成时代赋予我们的责任。"想想看,如果孩子们都不理解父辈、祖父辈经历了什么,那怎么能奢求他们真正理解祖辈呢?又怎能理解世界和自我的关系呢?

在校阅书稿的过程中,我依然会禁不住一次次翻看并仔细端详那些不同时代的照片,每看一次,我便似乎又一次参与了他们整个家族和家庭跌宕起伏的命运。

如果您有机会读完本书,您就会理解海川为何如此敬业,为何在每一个目标达成之后,即刻整装出发,让自己永远在路上。他们总是一家人在并肩前行。他们走的是一条守正之路、向善之路,他们追求智慧,心怀光明和善意,穿越一个个周期和大时代的变迁。当一种精神力量被唤醒时,对整个家族带来的变化,对每一个阅读者带来的变化是不可估量的,我想这也是本书的意义所在。

"莫嫌老圃秋容淡,尤有黄花晚来香。"在南通先生和絮吟女士身上,我们看到的是不要叹老,不要伤逝,只要身体允许就要各尽所能地工作、前行。他们个人的故事和时代的叙事同样值得珍视。

"白发无情侵老境,青灯有味似儿时。"南通先生家族几代的奋斗,看似一部个人史的表达,关乎的却是整整几代人的往事和随想。他的坦然和担当,使他面对命运的各种馈赠时,既不躲闪,也不逞强;既不夸饰,也不渲染。

生活本身是最好的修行。人应该怎样活着?具体地说,是活得有规矩;

抽象地说,是活得有样子;简单地说,是活得有尊严;往大里说,是依着某种精神制约,服从某种精神力量;往小里说,是人活着要有高于柴米油盐的精神力量。人活着,不能光想着自己舒服,要懂得付出,自立利人。无论什么时代,都细心地过自己的日子,精心琢磨着那份属于自己的舞台和角色。活在个体的生动感受中,以自己独特而又庄重的方式活着。无论什么样的时代,都要坚守生活的品相。

商务印书馆的创办人张元吉先生写过一副对联:"数百年旧家无非积善,第一件好事还是读书。"在中国绵延数千年的文化传承中,这副对联足以抵御人生的悲欢离合、爱恨嗔痴、成长与痛苦、失去与超脱,同时融入那些属于生命与灵魂的闪光时刻,以及其中微笑却坚韧而持久的力量。

2024 年 1 月 15 日定稿于上海

解尚明

香港城市大学博士、天宁集团董事长、阿拉善 SEE 生态协会理事及终身会员、天宁慈善基金会创始人、广西壮族自治区政协委员。

序二

父爱如山,共筑创业之路

当我再一次翻开这本沉甸甸的《创业之路——林南通回忆录》手稿时,看到父亲在上面留下的圈圈改改的痕迹,仿佛能看到父亲挑灯著书的背影,听到他笔尖划过稿纸的沙沙声。这一刻,我心中涌动的情感难以言表。

这不仅是一部记录父亲林南通先生个人成长与奋斗历程的自传,更是一部传承家族精神、见证时代变迁的史诗。作为宏川集团的董事长,我深知父亲的精神力量对我以及整个宏川团队所产生的深远影响。何以宏川?我们也许能从父亲的这本自传里找到一些答案。

家风如春雨,润物细无声

从我记事起,父亲和母亲的身影就总是忙碌而坚定的。他们不仅在工作中兢兢业业,更在家庭中树立了良好的榜样。

父亲每天早上五点半就起床锻炼,把我和弟弟海天的生活学习安排得井然有序,我们也养成了良好的作息习惯,从很小的时候就知道什么时候该做什么事情,绝不拖延。

父亲的脾气很好,走到哪里都是一副乐观开朗的样子,遇到事情不急不躁,先冷静分析,最后总能妥善处理。这种沉稳与睿智,让我学会了遇到事情时要保持冷静与自信,让我未来在复杂多变的市场环境中多了几分清醒。

父母亲是他们那个年代少有的大学生,他们对学习的热爱是刻在骨子里的。记得小时候,下班回家后即使再疲惫,父母也会在晚间休息时间拿起书本继续学习。他们没有刻意在耳旁唠叨,却教会了我们"学习是一生的事业,勤勉是生活的常态"。

1979年,母亲蔡絮吟女士被公派到外地医院进修八个月。为了让母亲免去后顾之忧,父亲承担了照顾两个幼子的责任。他不顾工作和照顾家庭的艰辛,坚持利用晚上我和弟弟睡觉之后的时间翻译国外的化工文献。有时深夜醒来,我还能看见父亲在昏黄的灯光下埋头学习和翻译的身影。那份专注与执着,至今仍深深烙印在我的心头。在父母的熏陶下,我们兄弟俩自然而然地养成了爱读书、勤思考的好习惯。

父亲不仅注重知识的传授,更注重品格的塑造。他常常带领我们进行体育运动,锻炼身体的同时,还能培养我们坚韧不拔的意志。晚上和周末的时间,父亲并没有和当下的家长们一样"卷学习",而是带着我们兄弟两个"卷体育"。在他的鼓励和支持下,我养成了热爱运动的好习惯。

小时候的我喜欢打乒乓球、羽毛球,也参加过一些业余比赛,并且取得了不错的成绩。有了这些运动基础,我自己在高中时期还喜欢上了长跑,这项运动不仅帮助我在整个高三学习期间保持专注和耐力,还帮助我排解了学习上带来的焦虑。现在,运动仍然是我生活中不可或缺的一部分。

关键阶段引导,抉择时刻支持

在我成长的道路上,父亲总是在关键时刻给予我重要的引导和支持。初中时,我偶然间对化学实验产生了浓厚的兴趣。父亲知道后,便特意为我买来了做化学小实验的器材,他鼓励我动手动脑做实验,对我在实验中取得的每一点小小进步都会给予肯定和表扬。那些五彩斑斓的试管、奇妙的化学反应,不仅为我打开了新奇世界的大门,更在我心中种下了一颗探索未知世界的种子。

也许正是受到父亲的影响,我对化工行业的兴趣与日俱增。在大三暑假期间,我还专门找人了解了华南化工行业的发展前景。1993年夏天,我正要从厦门大学国际金融专业毕业,本来已经定好要去深圳的一家大型金融机构任职,但是我再三考量,还是决定去东莞市虎门镇的一家镇属化工贸易企业工作。

这样的选择在旁人看来也许属于离经叛道,父亲不但没有反对,而且非常尊重我的决定。草蛇灰线,伏脉千里。父亲对我的潜移默化最终指引我走上了在化工领域创业的道路。也因此,宏川的故事才有了开头。

父亲退休后,并没有选择安逸的生活,而是毅然决然地加入了宏川集团,以宏川总顾问的角色继续发挥能量。在宏川化工仓储板块发展的过程中,父亲亲力亲为,不仅主持了多个重大项目的基建工作,更在科技创新、企业管理等方面做出了卓越贡献。

父亲闲时也会看电视,他最喜欢的影视作品是《亮剑》,尤其喜欢主角李云龙说的一句台词:"我最喜欢狼,它又凶又滑,尤其是一群狼更可怕,就连老虎见了也要怕它三分。"我知道,他欣赏的是群狼搏虎的团结拼搏精神。在宏川,他也把团结看作是非常紧要的事情,提出了"一条心、一股劲、一个目标、共同发展"的口号,激励了一个又一个宏川人。

我经常能在宏川人写的文章里面看到同事们对父亲的描述。他的这种不懈奋斗、永不停歇的精神,深深感动了我和每一位宏川人,也成为宏川的精神内核。

旗鼓相当的爱情,携手前行的力量

我的父亲和母亲都是享受国务院政府特殊津贴的专家,有些人对他们夫妻二人能在各自领域取得那样的成就很是好奇。在我眼中,父亲和母亲的关系就如同舒婷笔下的《致橡树》所描述的那样:

> 我们分担寒潮、风雷、霹雳;
> 我们共享雾霭、流岚、虹霓。
> 仿佛永远分离,
> 却又终身相依。

这种深厚的感情和默契的配合,不仅成就了他们个人的事业,更为我们家庭带来了无尽的温暖与力量。

20 世纪 90 年代初,当时母亲已经年近五旬,在不孕症传统治疗领域已经小有成就。但是她不满足于现状,为了给更多不孕症家庭带来新的希望,她顶着压力和风险在茂名石化医院引进"妇科电视腹腔镜技术",并亲自组队攻克技术学习难题,突破了传统妇产科医学技术瓶颈,将医院不孕症诊治的整体水平带上了新台阶。

母亲在文章中深情写道:"对祖国的爱、对事业的执着追求,是我们家庭生活的主基调。"除了父亲这个榜样外,青少年时期的我们,看到母亲悬壶济世、悲天悯人,一言一行都在为祖国医疗事业的发展而终身奋斗,我们又怎会甘于碌碌无为而平凡一生呢?

母亲说,父母是孩子的一面镜子,"要正人,先正己","正己"后,没有教不好的孩子。

父母对我们的爱深沉而又理智。在宏川集团的发展过程中,我深刻体会到了这种爱的力量。正是有了父亲和母亲的支持与鼓励,以及宏川团队每一位成员的共同努力与付出,我们才能够克服重重困难,取得今天的成就。我相信,未来的日子里,我们将继续携手前行,共同创造更加辉煌的明天。

结语

父亲出生于 1944 年 10 月 20 日,即将迎来八十寿辰。回顾父亲大半生的风雨人生,我深感敬佩与感激。父亲用自己的行动诠释了什么是真正的奋斗与坚持,什么是真正的责任与担当。我相信,这本回忆录将成为激励每一位读者不断前行的宝贵财富。在此,我要向我的父亲和母亲致以最崇高的敬意和最深切的感谢。

林海川

2024 年 7 月 13 日

林海川

林南通先生的长子。香港城市大学博士、广东宏川集团董事长、东莞上市公司协会会长、政协广东省第十三届委员会委员、中国民主同盟东莞市委员会副主委。

目 录
Contents

第四卷 迎来机遇

海阔凭鱼跃,天高任鸟飞;发光发热,报效祖国。

第五卷 创建宏川智慧液体化工仓库

老骥伏枥,志在千里;人虽退休,壮心不已。

第六卷 家庭故事

家庭就像土地,肥沃的土壤先天可以培育出苗壮的幼苗,后天的修剪则能将幼苗培养成栋梁之材。

◈ 第七卷　镜头下的幸福家庭

几代人的努力奋斗和坚韧不拔，一步一个脚印建立起和睦幸福的大家庭。

第一卷
童年记忆

生于寒冬日，朔风加冰霜。待到春暖时，祥光照我家。

一 我的家乡

我是广东省普宁县洪阳镇水吼乡人氏。祖上原籍福建省漳州府,清朝时期因战乱或其他原因,高祖母严氏带着几个孩子从漳州府长泰县岩宅乡辗转来到水吼乡落户。从那时起到现在,我们家族已经传了二十一代,我是第十七代。

洪阳镇自古隶属于普宁县,是原普宁县的县城所在地。洪阳镇周围是小丘陵,地形很像盆地。水吼乡就坐落在这盆地的北边缘,地势较高。全乡坐北朝南,在坡地中央,周围是祖祖辈辈垦荒出来的田地。祖上请风水先生勘察地形时说,此地属火,必须取一个能够降服"火"的名字,所以定名为"水吼",就是水在不停地奔流咆哮的意思。水吼乡包括四个自然村落,以林姓居住的顶寨村和下寨村规模最大。在顶寨村的右前方有一个小自然村黄厝寮,该村大部分人姓王。在下寨村的左上角有一个小自然村赖厝寨,该村大部分人姓赖,其祖上是把我们的祖先带来此地创业的人。

由于山坡地缺水,十年有九旱,所以水吼乡一直比较穷。乡里人忙于劳作糊口活命,人性较懦弱、木讷,备受外村人的侵扰。村里的大户多是到海外经商后发家的。

由于地处丘陵,又是红壤区,山地只适合种橄榄、桃子、杨桃、荔枝和龙眼等水果。田地除种水稻外,还种潮州柑、黄芽白菜、槟榔芋、番薯和生姜等,尤以槟榔芋和潮州柑最著名。槟榔芋的肉质细腻,蒸熟后松软绵糯,口感好,可以做成各种小吃。例如,反沙芋头、芋泥、芋头糕、鱼头炖芋头等十几种小吃和特色菜。由于抗旱的需要,几乎每一块地头都要挖一个池塘储水,乡民们在池塘里养鱼。鱼的饲料就是地里的杂草，所以池水清澈无污染，鱼肉鲜美，是鱼中上品，在整个普宁县最出名。

我的祖父名叫林启本，在家排行老大，他还有一个弟弟。因为家贫，祖父娶盲女为妻，就是我的祖母。我的祖叔婆是婢女出身，可见我家高祖的贫寒。祖父共有五个儿子，没有女儿。

祖父的大儿子即我的大伯父从小得癫痫病，祖父母怕大伯父以后成不了家，在大伯父很小的时候就给他抱养了一个女孩作为童养媳。祖父母及家人待这童养媳很好，如同自己的亲骨肉。在大伯父十八九岁的时候，因为雷暴雨，他在地里突发疾病，倒在水田里窒息致死。后来祖父母把这童养媳当女儿养起来，并把她嫁给邻村一户人家做儿媳妇，我们就叫她姑妈。姑妈一家后来到泰国发展，一直与我们家有往来。

二伯父成家后育有一儿一女。不到三十岁时，他在帮富人家抬木料建造府邸时，因为木料太重，意外压伤致死，留下孤儿寡母，十分凄凉。虽然已经分家各自独立过日子，父母亲还是把二伯父的儿女当成自己的儿女，一直帮着他们，拉扯他们成家立业。

三伯父是弟兄几人中经济境况最好的一个，他育有一儿一女。但后来因为夫妻吵架，三伯母上吊身亡。于是三伯父把一对子女托付给我父母抚养，他独自到南洋去闯荡。三伯父在南洋的日子也不易，后来他又回到家乡，在汕头市做杀猪营生，日子还能过得去。再后来，三伯父积累一些钱，重新娶妻生子。三伯父的大儿子双目几近失明，生活勉强自理，后来拜师学习算命，活到40多岁时亡故。三伯父的女儿由我父母养大并主婚，嫁到揭阳县潮美村。

四伯父为人不走正道，好吃懒做。四伯母因为过量服用高丽参中毒，很早就去世了，留下一儿一女。后来，三伯父把他们一家带到汕头市，但是四伯父恶习不改，欠人家很多钱。为了躲债，他东躲西藏，结果子女被人贩子拐走，不知所终。直到1950年冬天，突然有一个北方人打扮，十八九岁的男青年寻亲到村里并找到我家。他用潮州话说自己叫林爱林，说四伯父是他的父亲，姐姐和自己被拐卖并分开，自己后来到江西省会昌县落户，但姐姐不知去向。我们一家为捡回林门一脉而高兴,但是因为江西与潮州的生活习惯完全不同,特别是每天三餐稀粥,我这堂哥更是受不了,住了不到十天,堂哥决定重回江西。父亲给了他一些盘缠和干粮,留下他的地址,他便回去了。

冬去春来,转眼到了1960年秋天,四伯父的大女儿也寻根到我们家。原来,她被拐卖到福建省武平县,后来在当地成了家。这次寻根,一来看看老家还有什么亲人,二来是想求点生活物资。当时福建省西部山区的生活确实非常艰苦,为了帮助堂姐,家里把留存的猪油,还有一些半干的咸肉和粮票也都送给了她。父母亲告诉了她弟弟的地址,她很高兴,后来他们姐弟俩联系上了。此后几年,姐姐又来过几次,她弟弟则在1983年携带子女回到老家定居。我大哥把1953年我家第一次建造的房子让给他们住,算是他们的落脚点。经过几年的拼搏,堂哥的几个儿子在村里得到很大发展。

此后,祖父传下的各子女均发展成大家族。

二 我的父母和兄姐

　　我的父亲生于一九〇三年农历二月二十九,属牛。他小名林娘家,大名林泰献。因为他是五兄弟中的老小,自然他出生时祖父母年纪已经大了。祖母眼神不好,家穷,伯伯们和姑妈均疲于生计,无力照顾小弟。因此,父亲小时候吃了很多苦头。那时候不管是大人还是小孩均需留长发扎辫子,农村条件极差,又没有大人帮忙打理,很多孩子满头长虱子,苦不堪言。夏天时,父亲跳到池塘里泡水,然后头对着墙甩辫子,企图把虱子甩掉,但效果极微。有时候被他婶婶看到了,就帮他篦掉虱子。父亲十一二岁就已经跟着祖父下地干活,他非常认真地学习地里的各种农活,他的悟性很高,几乎是过目不忘。十五六岁时,父亲已能够独立使用犁、耙、水车,还能掌握气候根据时令种地,俨然是当家的大人了。村里有人批评其子弟时常说:"我家千支香(指拜神的香)比不上娘家叔一支烛"。其意即一千支香发的光比不上一支蜡烛的光亮,这是给予父亲极高的评价。

　　父亲在十五六岁时读过一年夜校,后来也陆陆续续自学过,大约认识三五百字,勉强能看一些书。如果条件许可,让他正规读几年书,可能会发展得更好的。父亲十七八岁时得了一次严重的"伤寒病",其后一度身体很差。后来三伯父送他一包药店卖剩的次品西洋参,服用后效果很好,身体壮实了,很有力气。虽然父亲不习武,也不惹是生非,但是,如果那些强势大族的人或地痞流氓要欺负他,他也不示弱,一人可以对付他们两三个人。

　　我的母亲名叫黄玩香,生于一九〇七年农历五月十三,属蛇。母亲娘家在洪阳镇富雨村,位于水吼村的东南方约3公里处,也是一个非常贫困的小山村。母亲是家中的老大,她没有读过一天的书。在她之后,家中每隔两年就有一个小弟/妹出生。母亲有四个妹妹四个弟弟,兄弟姐妹一共九个人。

外祖父母的家中是极贫的,母亲又是老大,因此母亲必须帮助外祖母操持家务,照顾弟妹。母亲在十三四岁时便能很熟练地干各种家务活,唯一不懂的是种地,家务重担缠身也不可能让她下地干活,因此,母亲的肤色白润,出落得很漂亮。

父亲于二十一岁时娶母亲,当时母亲十七岁。双方都家境贫寒,一贫如洗。父母结婚时房子是借的,头饰也是借的,床和被子都是旧的,只有一套衣服是新的。婚后,依然是父亲下地干活,母亲照顾年迈体弱的祖父母和操持一切家务劳作。婚后的第二年的农历十二月(1931年1月),大哥呱呱坠地。父亲给大哥起名叫林通,寓意通顺、通情达理。当时是农耕社会,生男孩是天大的喜事,大哥是父母的希望,是林家的香火。

林南通的父亲林泰献(左)和母亲黄玩香(右)

根据父亲的讲述,母亲生大哥时,父亲哥几个应该已经分家了。但是不管分家与否,家庭的重担都压在父母亲身上。原因是大伯、二伯均已经过世。二伯死后,二伯母和她两个年幼的儿女都要父母鼎力扶助。三伯父在汕头市杀猪卖猪肉,勉强过生活,无力赡养祖父母,也无力帮助我父母,但是,父母亲还得帮他养活一对儿女。父母亲极少提到四伯父,后来只说他在逃荒路上饿死了,他从没有赡养过祖父母。

生养大哥的时候,父母亲是没人帮忙的。开始几天,父亲下地干完活,提早回家做饭给母亲吃并给大哥洗尿布。等到母亲可以干活了,家里轻活由母亲做。父亲干完地里活赶回家,喝碗粥,吃几个番薯后立即挑水、舂米、洗尿布。邻居问,老叔要这么拼命吗?父亲说:"做家务就当歇脚。"母亲坐月子期间,同样是吃稀粥和番薯,那时哪有什么营养品啊!

大概在大哥两岁多的时候,母亲生下二哥。又隔两年,生下大姐(后来夭折了)。以后相继生下了现在的大姐、三哥、二姐,最后就是我。我们几人出生的间隔时间越来越长,因为母亲的身体状况变差,家庭负担也越来越重。

我家乡的土地是红壤,属酸性土。酸性土易板结,造成庄稼不长,收成很差。因此,村里人就在地里撒点石灰,中和酸性。我家穷,买不起石灰,就用草木灰代替。但是草木灰在我们村里也不可多得,而在距离水吼乡三四十里远的榕江流域,因为土地肥沃,当地村民们把草木灰随便倒在村头或地边,不当回事。一般在农历七月底八月初,我们水吼乡的村民已经插完晚稻秧,又未到中耕季节,有几天空闲时间,于是大家就挑几担水吼村的特产——芋头和番薯,租条小舢板,到榕江流域去换草木灰。这个活动一般需五六天时间,换来的草木灰堆放到破屋子里,留到冬种小麦、番薯和大蒜时用。因为我家是赤贫,完全没有土地,早晚稻田里收起来的粮食仅够还地主的地租。全家一年的口粮就靠冬种作物的收成换粮食度日。年景好时,换回的粮食勉强够全家吃一年,年景不好时,就得找亲戚朋友借粮。换草木灰的事,父亲年复一年地这么做,一直往下传,大哥、二哥都这么做。可能到二十世纪七十年代,国家普及化肥后才停止这项活动。

冬天的时候,农活较少,农村很少有业余文化生活,大部分村民嗜赌,父亲一般不赌博。只是春节的时候,有几天他也会赌几把。他的手气不错,每次都能赢上几百个铜钱,这钱够买春耕用的豆粕饼子时,他也就不再赌了。从我记事起,再没见过父亲赌钱。

父亲不饮酒，也不抽烟，除了农活样样精通外，其余别无爱好。他对父母、妻儿都特别好。虽然穷，但是父亲外出赶集，或别人送一点好东西，他总是在集上买点东西或者将别人送的东西带回家，和全家人一起吃。大哥和我的性格很多应该是从他那里遗传或学到的。

母亲性格非常文静，她从来不大声讲话，也不打骂小孩。她虽然不识字，但是达理。因为家贫，能吃的东西很少，她总是让丈夫和子女先吃饱饭，自己用剩下的饭菜充饥。母亲以她柔弱之躯，在家里少有隔夜之粮和御寒之衣的条件下，承担起照顾年迈多病的公婆和生育、养大六个子女的重任。她还照顾二伯母和她的两个子女以及三伯父的一对子女。她从来没有跟邻居吵过架、红过脸。邻里有困难，不论多少，她都尽自己所能帮助人家。乡里人都非常尊敬她。

外祖父因为在犁田的时候划破脚板引发破伤风而过早逝世。那时候，除母亲已经成家并且有了大哥外，其他的几位姨妈和舅舅都没有能力担起外婆家的生活重担，特别是小舅当时只有一岁。因此，外婆家九口人的生活重担又加到了父母亲的身上。父亲除了忙自己家的活，还得帮二伯母家和外祖母家干活，他恨不得一天当两天甚至三天用。他每天天微微亮就下地干活，大概八九点钟回家吃完早餐后又下地。母亲把家里的活干得井井有条，每天她与父亲一起起床，挑水，煮早饭，洗衣服。等父亲吃完早饭下地，她又喂猪。她还学会纺纱织布，全家人的衣服有近一半是她织的。日渐午，母亲做午饭，背上大哥到地里给父亲送饭。父亲从不歇晌，吃完饭又接着干活。一直到天黑才回家吃晚饭。晚饭后，父亲又得下地守护番薯、芋头或鱼塘，免得村里的无赖趁夜来偷，年年如此。母亲则负责安排儿女们洗澡、喂猪等活，闲下来又点起豆大的煤油灯，"嘎吱嘎吱"地织布了，一直忙到半夜。

家里有这么多的小孩，家庭负担这么重，加上收成不稳定，父亲已经欠下财主家上千斤谷子的债务。父亲每每想起，暗暗掉泪，问天："我娘家（父亲的小名）老实做人，从不做伤天害理之事，我的命为什么这么苦啊？"日子要过，子女需养大，得有个法子。于是，父亲让大哥到汕头市去帮三伯父打小工，反正大哥已经十二岁,懂事了,不饿肚子,学点本事也好。

大哥到汕头市帮三伯父打小工,吃的油水大了,又没有太多的事做,而且正处于成长期,因此身体发育得很快,两年后,已经是个大小伙子了。为了帮助家里干活,父亲又把他叫回家来。这时家里发生了一件大事,有一天晚上,父亲到地里看守芋头地。半夜时分,他听到地里有响声,心知有贼,立即起身,拿起长矛赶上前去,大声喝问是谁。这时,父亲只看到了一个模糊的黑影,但是那个黑影不回话也不动。父亲情急,举起矛尖刺中那个黑影。这时黑影才颤抖着说:"老叔,我是某某。"原来那人是村里大族的一个无赖。父亲知道这回闯祸了,立即把那人背回他家,连夜找村里的跌打伤医生给他治伤,同时父亲也立即告知了我的堂叔伯们,希望他们帮忙渡过难关。

天还没大亮,大族的老大带领一大帮人拿着棍棒、长矛、大刀到我们家门口,声言要铲平我们家。父亲只能到外面躲起来,一连十几天都没敢回家。三伯父得知消息赶回家乡来找我们族的老大,表示当田卖屋也要与对方打官司。全族的人也忍无可忍,带着木棍、长矛等与他们对峙。我们族人的决心是,我们虽弱小但理在我们这一边,如果这次不誓死保卫自己的族人,以后我们的族人将无法在村里生存。就这样,两族人对峙了好长时间。后来,我们搬的救兵到了,事态才得到缓和。原来,外祖母的娘家亲戚是普宁县"方姓"大族,普宁县周围各乡村民都敬畏方姓的人,只要方姓有一定头面的人到村里,村长就得出面接待。这样,救兵、村长和两族代表到村公所谈判解决。结果是,我们家要给那贼治伤,给他营养费,还要给他送各式点心,表示认错。真是窝囊透了。

可事情并没有结束。

那时候,我们家住在三伯父名下的一间房子里。房子很小,要做全家大小六口人的卧室、厨房、饭厅兼养猪圈,实在挤不开。在我们家对面有堂伯父的一小块闲置的宅基地,父亲借来造了一间茅草房。房子用竹子做骨架,外面盖上稻草和甘蔗叶子。这间茅草房用来当饭厅,堆柴草杂物,还搭了一张床。平时,大哥、二哥和三哥睡在那里。那时候,三哥才三四岁。就在父亲扎伤贼的第二年九十月的一天,父亲得了重感冒,不能到地头看守芋头地。大哥就代替父亲的守夜工作,而父亲则留在茅草房过夜。到下半夜时,突然茅草房起火,并且立即燃成大火。父亲被大火惊醒,本能地扯下蚊帐,连蚊帐带席子卷起三哥,把他扔到房外,然后拽着二哥的手就往门外跑。父亲和二哥刚刚离开草房,房子就轰然倒下。母亲也已经被惊醒,跑出来只看到父亲和二哥,母亲忙问,老三呢?这时父亲才从惊魂中醒过来,揭开蚊帐,看到三哥在那里睡得正香呢。

这次大火,父母亲和族里的大人们都知道纵火者是谁,但是去告谁呢?我们没有当场抓到证据啊。还是老天有眼,放火者没过两年就暴病死了。那天要不是父亲感冒,大哥替父亲下地守夜,我的三个哥哥肯定没命,我们家就不是现在的家了。在冥冥中能保佑我们的就只有"神"了。父母亲从中悟出两条结论:敬神与济贫。

敬神是一件大事。除了按乡里人的习惯敬奉村里的神位外,父母亲还特别敬奉陆丰县碣石镇的玄天上帝,每年必定在农历二月底之前备上供果,托人去敬拜。这时候把佛祖的令旗送到庙里以旧换新,再求几张新符镇宅保全家平安,还会在功德箱中投一点钱,给佛祖添油。再就是在佛祖像前求签,卜问新年家运、收成、六畜和家中大小人口健康,等等。反正他们自己没文化,见识不多,让神来做主,以求得心理平衡和慰藉。这些求问的事有时对了,有时不准,小心为妙。年复一年,一如既往。

父母对济贫一事也倾尽全力,给我印象最深的有两件事。我们村的潮州槟榔芋头远近闻名,附近各地都来收买小芋芳做种苗。其中有一个潮阳县人到我们村贩卖芋种,他打听到我父母亲人好,就到我家寄宿搭伙,父母同意了。有一次,他因为食物中毒上吐下泻,虚脱晕倒在离我们家四五里远的路上,病情十分严重。父亲得知消息,在村里请了医生前去救治并把他抬回我家里。经过几天的治疗和照顾,他病好了。病好后他就认我父母为叔婶,这情谊一直存留到老。

另一件事是在 1950 年八九月的一天下午,母亲和大嫂正在家里做针线活时,家门口过来一位三十岁左右的妇女,背上背着一个两三岁的小女孩,样子疲惫极了。她向母亲要碗水喝,母亲便与她攀谈起来。原来她早上从揭阳县蓉城镇出发,要赶回揭西县方厝闸家,因为走错路,天气热,心又急,求碗水解渴好赶路。母亲和大嫂很是同情,送上粥让她和女儿吃饱,那女人千恩万谢后离去。第二年的五月初,那时正是潮州地区冬种麦子收起,早稻秧苗也已插完的农闲时间。突然有一天,一对外村男女带着一个女孩找到我们家,见到母亲就叫"姆妈",把母亲弄得一头雾水。来人诉说去年经过我家门口,母亲和大嫂送粥救她们母女的事情。因今年他们家收成很好,小麦大丰收,他们就用新麦做了一大筐薄饼来登门答谢救命之恩,并且一定要认亲,认父母亲为他们的干父母亲,说认我们这样行善积德的家庭为亲,以后一定能发达。从那时起,父母认他们为自己的女儿、女婿,我们兄弟姐妹认他们为姐姐、姐夫,一直到老一辈归天。

三 历经苦难，迎来曙光

转眼，大哥已经十七八岁，在农村是一个很好的劳动力。二哥十四五岁，可以当半个劳动力使用，堂哥也是二十一二岁，父亲还不到四十岁。这几个人加在一起，再加上父亲的精心经营，虽然是租种别人家的土地，但是家中的日子逐渐好起来。考虑到家里人口多，家务繁重，需要一个帮手。所以，父母亲考虑给大哥娶媳妇。

经朋友介绍，父母决定娶邻村许姓女子许淑兰为儿媳妇。许家寡母带着两个女儿和一个小儿子过日子，虽有几亩薄地，但是因为孤儿寡母，为人又老实厚道，劳力不足，收成不高，日子过得很是紧巴。林许两家的结合，属于穷穷结合，老实人结合。婚期选在一九四四年农历年底。

在张罗大哥婚事时，母亲正怀着我。我于一九四四年农历九月初五（公历10月20日）出生，属猴。父母亲顺着前面三位哥哥的名字，给我取名南通。父母亲都是极其传统的农民，他们认为，既然长子即将结婚，以后家中生育后代就是他们的事情了，所以，他们给我起了一个小名叫"阿尾"，意即小儿子。

一九四四年，我们家是双喜临门：小儿子出生和大儿子娶媳妇。所以，1945年元宵节，父亲跟村里的其他生男孩的父亲一样提灯笼游村敬神。正月十九、正月二十，村里春社拜神，抬神像游行，大哥要抬神像。这些都是村民们一辈子梦寐以求的荣耀，我们家全得了。

大嫂属牛，比大哥小两岁。她的属相与父亲相同，与母亲相合。她一进家门就与全家人相处得很好。大嫂比我大十九岁，又是新媳妇，除了协助母亲做各种家务外，还热情地帮助母亲照顾我。一家人和睦相处，其乐融融，家虽穷，但是呈现一派欣欣向荣的景象。

1943年年初，父亲拜神求签时，签文批曰：冬种大蒜可得厚利。秋收后，父亲把租种的七八亩地全部种上大蒜，这是一次极大胆和极冒险的决策。种七八亩地的大蒜可收四五千斤的干大蒜头，但是它的成本也不菲。同时，把地全部种了大蒜，不能种番薯和小麦，如果出现春荒，粮食价格高涨，那九口人的半年口粮从哪里来？后果真是不堪设想。幸运的是，一九四五年春，大蒜的价格飞涨，一担大蒜的价格可买两三担稻谷。农历三月中旬，全家总动员收大蒜，翻晒干后立即卖掉换回钱，买了稻谷还债。这季冬种的收成，不仅让父亲还清积了十几年的债务，还备足了上半年全家的口粮。父母亲终于搬掉了压在身上的债务大山，长长地舒了一口气。他们感觉到好日子就要到了。

父亲从心底里感谢佛祖对自己的眷顾。从此，每年春天父亲必定亲自到陆丰市玄武山敬拜佛祖——玄天上帝。开始是几个朋友一起挑着佛祖令旗和求问事项的帖子、供品，并斋戒，徒步去碣石。到了那里，先是沐浴，到佛祖宫前摆上供品，点上香烛，三跪九叩后，对每件需求问的事情逐一求签，并把签号记录下来，然后请师父一一解签。师父解签一般需一天时间，因此，拜佛祖一趟来回要五六天时间。后来随着年事的增高和交通条件的改善，父亲改骑自行车，再后来就搭公共汽车去敬拜佛祖。每年如此，从不间断，直到老人家实在走不动了，才换成大哥和姐夫做这件事情。

日本鬼子投降后，又过了两三年，日子继续向好，家里也开始有些积蓄。农民生活好了，就开始张罗置房买地，有了自己的房和地，心里也就踏实了。结果，买了离村最远、地名叫"鬼仔埔"的一块面积只有五分的很差的地。不管地是好是孬，总是自家拥有的第一块地。如有更多的钱，父亲还想买更多的地。哪个好农民不是这么想呢？

由于家里有四个男孩子，长大了就必须成家立业，祖传的房屋只有一间小破泥房和半间与堂伯合用的旧瓦房，这么小的房子怎么让孩子们结婚成家呢？因此，父母亲又开始筹钱买（或建）房子。先是买了一间约12平方米的旧房,母亲、姐姐和我小时候就住在这间房子里。这时候家里就拥有了一间半旧瓦房和一间泥房,五分地,同时还租种了七亩地。家里的生活接近那时当地农村小康水平。

一九四八年农历十二月,大嫂生下第一个女儿,父母亲给她起名叫桂珍。她是我们林氏家族的第十九代,是父母亲的第一个孙女,弥足珍贵。兰和桂都是高贵的树种,是富裕家庭才能享有的标志。给长孙女起此名字,足见祖父母对她的期望。

潮州地区妇女生孩子的习惯是从孩子生下后,产妇要吃干饭和潮州咸菜,以防止感染疾病。这时要好的亲戚、邻居则送四个或八个鸡蛋表示祝贺。到第十二天,开始加煎鸡蛋给产妇吃,一般家庭是每餐一到两个鸡蛋,鸡蛋两面煎黄后,加一些白酒和水,煮开调味。

因为我当时才四岁,时常在大嫂的屋里玩耍,吃饭的时候大嫂总是拨一小碗干饭并夹半个鸡蛋给我,我吃得很香。到侄女满月的时候,亲家母送来一块肉和十二个鸡蛋贺喜,一家人在一起吃餐饭算是庆祝孩子满月。家里人用背带把侄女绑在我背上,让我背她走一小段路,我很高兴。小孩满月了,大嫂也开始正常的家务劳动。

因为侄女是我父母的长孙,除了哺乳外,其余带她的事都由母亲、大姐和二姐轮流做。大侄女给家人带来极大的喜悦和希望。

1949 年左右,发生了两件令我终生难忘的事情。其一是,那年春天的一天午饭后,母亲在纺线,二姐在干其他事,我坐在一条长凳上,手中拿着一把锋利的剪刀一开一合地玩着,慢慢地呈昏昏欲睡状,突然身子一歪,人从条凳上倒下碰地,剪刀尖斜插进我左前额眼眉的上方,血流满面,我大哭起来。母亲慌忙停下手中的活,拔出插在我前额上的剪刀,并用手死死地按住伤口止血。直到血被止住后,母亲才送我到村里的慈善堂去请住持给我敷药。这次受伤给我留下了终身的伤疤,记一辈子。

第二件事是,1949 年初夏的一天早上,村里人到处乱跑,吵吵嚷嚷说"胡琏军"来了。"胡琏军"就是国民党的败军,他们兵败如山倒,到处抢粮食、抓壮丁为他们当挑夫、运粮草和弹药,也有一些壮丁被编进他们的部队。因此,村民们都很怕,一听说他们到来,大家都躲到山里去了。家里其他的大人都跑了,只有母亲和我还在家里。母亲把家门锁好,拉着我的手走进一条很窄、一般没人通过的两房相隔的墙隔缝里,母亲侧着身子慢慢往前移动,我个子小顺利往前走。拐了直角弯后,来到隔道的尽头,那尽头是用石块稀稀拉拉地垒起挡住了,墙那边就是同宗老嫂子家的天井。母亲小声地叫着"红弟嫂,红弟嫂",那边红弟嫂透过石头缝看到我们,就说:"老婶,快过来!"她搬来一张方凳站到上面,母亲则把我举起高过头顶,红弟嫂接住我拉过墙头,放到她家,又回头拉起母亲的手,帮母亲翻墙到她家里。这样我们一起就有三个人,可以互相照应,安心多了。大约快到中午时分,听到外面很安静,从前门门缝往外看,没有看到什么人,又到后门门缝看,也看不到什么动静。于是,母亲和红弟嫂就商量着打开后门看看。可刚打开后门,就见一个国民党兵端着上了刺刀的枪闯了进来,然后把我逼到墙角,用刺刀在我面前比画着,叽里咕噜地说话,不知他讲什么。母亲一个劲地说"无,无……"那兵看房子里徒有四壁,的确没有什么油水,也就走了。可是,我那时已经被吓坏了,瘫在地上。当天晚上,我发高烧,说胡话。

第二天一早,父亲看到我病得很重,认为必须到镇上请医生来给我看病。可是当时到处兵荒马乱,国民党兵到处抓壮丁,年轻人怕被抓走都不敢露面。没办法,父亲穿着破衣服早早到镇上去请医生。越怕鬼就越见鬼,父亲刚到镇上就被保安队抓起来,说父亲是共产党的探子,喊打喊杀。父亲苦苦哀求,并说镇上某街有亲戚叫某名字。保安头头叫一个跑腿的去把那个亲戚找来,要那亲戚交一担米的保释金赎回我父亲,其实就是保安队变相抢粮。亲戚去找钱买来米赎回了我父亲,父亲出来后又和那位亲戚去找医生,一直折腾到快天黑时父亲才和医生回到家。医生认为,我的病可以治,但是因为吓得太厉害又高烧,病好后需要找同龄孩子陪我玩,教我说话,否则可能会成为哑巴。病好以后,我的身体非常虚弱,不爱动,也不多说话,时常被噩梦惊醒。碰到发生突然的事就心惊胆战,回不过神来。这两个后遗症一直伴我终身。

四 幸福的童年

　　1950年年初，大哥大嫂又添了一个男孩，名叫桂川。他是我父母的第一个男孙，全家自然是欢喜。

　　1950年，家乡解放了，大哥当了民兵。我记得他当时有一支步枪，放在家里他的床后面。全村人都投入破除迷信和斗地主、分田地的运动中。农民由土改工作队和农会领导确定家庭成分：有雇农、贫农、中农、富农和地主五个成分，富人一般都会被评为地主成分。村里的地主多数是祖辈闯南洋做生意发了财，回到家乡买房置地而富起来的新地主，没有老地主。富农是指有土地、耕畜、农具，自给自足，平时雇一些短工。中农比富农差一点，自给自足但不雇工。贫农是指有一些土地、耕畜、农具，但是不能自给自足，生活比中农差。而雇农则是以打工为生计，吃不饱穿不暖。农村人一般愿意被评为中农，因为地主、富农是剥削阶级，要被斗争；贫农、雇农没面子。在评成分时，一些以前吃喝嫖赌而由富变穷，又是大族的所谓"骨干"一定要评我家为富农。理由是我家有农具和耕牛，又有雇工（他们把由父母亲照顾的堂哥们说成是我家的长工）。父亲和两个哥哥据理力争，说我家少房缺地，两个堂哥和我家在一起是为了抱团谋生存。工作队采纳了父亲和两个哥哥的意见，最后确定我家为中农。

　　由于是中农，可以按不足的部分分到土地、房屋和地主家的浮财。当时家里有父母亲、大哥大嫂、二哥二嫂、三哥、两个姐姐、我和一个侄女以及一个侄儿，全家共12人。水吼乡每个人丁平均可得4.25分地，家里12人应该有5.1亩地，扣除自有的0.5亩地，全家可再分得4.6亩地。这些地比起我家原来租种地主家的地少了两亩多,因此,父亲后来又向有地而没有劳动力的人家租了3~4亩地耕种。虽分到半间房子,约8平方米,但根本不能进去住人,只能用来堆放一些农具杂物,后来另半间房的主人找父亲借用。我家得到的浮财是一个江西景德镇的青花瓷水缸和一条长椅。

没收地主家的浮财,像衣服、日用品之类的东西拿到乡政府门前公开拍卖。大哥只拍了一只热水瓶,其他东西都不要。大哥买热水瓶是因为家里已经有了两个小孩,平时要喝一点开水很困难。那时候,买一只新的金龙牌热水瓶最少要十几万元(当时1万元相当于现在的1元),而拍到的热水瓶才不到两万元。热水瓶拿回家,全家人传着看,又用耳朵听听内胆发出的嗡嗡声,然后灌上开水,全家人一起喝,尝尝那热水是什么味道,结果什么味道也没有,就是白开水。

我家分到了田地,不再交繁重的地租,家里劳动力又充足,资金也不愁,新的一轮发家规划开始了。

1950年冬天的一个傍晚,我在家附近玩,一位老先生过来与我打招呼:"小弟弟,想不想读书?"我不假思索地回答:"想读书!"老先生记下我的名字:林南通,家住"下砖埕"。回家说我已报名读书,大家都不太相信,认为我年纪太小,不宜读书,因为农村孩子都要到十一二岁开始懂事才读书。转年春节后,我真到学校读书了。那时候的学制是春季始业,学费是每个月2升米,由先生逐月到家来收。

学校在村子最后边的祠堂里,当时祠堂是村里的公产。祠堂较大,北边是一个大厅,大厅用竹篾席子分成三格,两边各有一个班,每班有三四十个学生。大厅中间的空间是大家课间活动的地方。大厅前面是天井,通过天井两边的走廊就到老师住的宿舍,每间约6~7平方米。因为祠堂的位置比较偏僻,以前少有人到,学生中传说这里经常闹鬼。我胆子小怕鬼,不敢单独待在里面,下了课就往家里跑。

乡下的学校,除了教室、黑板和讲台,其他什么都没有。课桌是学生从家里搬来的长椅,两人共用一张,坐的是各人从家里搬来的小板凳。我的两位启蒙老师,一位叫庄文聪,教语文和"说话"两门课,"说话"就是学普通话拼音。另一位老师叫文书定,他教算术。庄老师比较文静,文老师比较活跃,他们两个人包了这两个班的一切教学和班主任工作。开学后,老师首先要给每个学生送一个学名,老师给我的学名是林登运或林登达,因为我的辈分序字为"登",而"运"与"达"意义都与"通"相近,故名之。但是家里和我自己都认为这两个名字都不如父母亲给我起的名字好,所以,我一直只有一个大名——林南通。

在这祠堂里,我从一年级读到三年级。由于我的年纪最小,个子也小,坐在教室的第一排。我学习平平,老师也没看好我,给我的评语是"上课好说话"。我看后还觉得评语不错,后来二哥看了说,这是批评你上课不遵守纪律,乱说话。

我读初小时,家里发生了几件大事情。第一件事情是 1950 年二哥结婚。二嫂是洋尾乡人,也是妇委会的成员。她到我家来看家底时,一同来的她的几位姐妹穿的是一式的西装裤和短袖汗衫,汗衫上还印有"洋尾乡妇委会"的字样。二嫂为人比较强势,与比较传统老实的大嫂的矛盾比较突出,最终在1956 年分了家。

第二件大事是大姐于 1952 年出嫁,男方是堂表姐的小叔子。因为是堂表姐介绍,将来又是姐娌,父母亲就满口答应了这门亲事。大姐开始并不答应,但是母亲好说歹说,做了很多工作,最后大姐勉强答应了。大姐出嫁那天,大哥和几位女孩子半夜送她到男方家(我们家乡的风俗,嫁女都是半夜出门)。结婚满月,第一次回娘家,大姐变得白白胖胖的。但是大姐却哭着不愿意回去,母亲和大嫂都认为是大姐新到别人家不习惯,就劝大姐回去。又过了两个月,那个"姐夫"找到家里来,说大姐不见了,问是不是在我们家里。这次母亲和全家人都急了,大家都知道大姐很老实,她不可能有外遇,也不可能是好吃懒做而出逃。于是就反问"姐夫",可他半天都说不出一句话。家里把亲戚捋了一遍,认为大姐跑到大嫂娘家的可能性大一些。母亲和大嫂立即赶到西林村大嫂娘家,果然大姐就在那里。大姐哭诉了在夫家的遭遇:原来那个"姐夫"是个傻子,什么事都不懂,她家婆和我们那个堂表姐看她嫁过去几个月没有怀孕,就凶相毕露,开始是骂,进而打,不给饭吃,还要干重活。在忍无可忍的情况下,大姐就出走了。了解了情况,家里同意大姐的意见:离婚。大姐办离婚是大哥和三哥陪同大姐一起去办的。对于大姐这次失败的婚姻,父母亲都非常愧疚,觉得很对不起她。大姐离婚后,回到家里来住。在家她天天放牛割草,料理家务,忙个不停,从无怨言。她还有一个优点就是喜欢学习。那时候,国家号召全民学习文化,农村小学利用晚上学生放学和假期学生放假期间办夜校,大姐都去夜校参加学习,并且十分认真。两三年后,大姐已能阅读书籍、报纸和写信。

当时对待大姐离婚这件事家里有两种态度。大部分人认为大姐是无辜的,同情她,而二嫂出于封建观念,认为大姐是被丈夫家休掉的,不吉利,因此对大姐十分歧视。这两种矛盾的态度在春节时表现得特别激烈。家乡的传统是,春节大团圆,全家人围坐一起吃年饭,叫"围炉"。但是出嫁的女儿不能回娘家围炉。二嫂不让大姐和我们坐在一起,而大嫂一定要大姐一起吃饭。当然父母亲是希望大家一起吃饭的,要是不让大姐一起吃饭,太不公平了。结果是大姐刚坐下,二嫂抱着她的大女儿就走了,因而大家过了一个非常憋气的春节。第二年又如此,后来只有分家,各过各的了。

随着大姐在家的时间越来越长,她的个人婚姻问题也越成为父母亲的心病。1958年,大姐经人介绍与一位同县南溪镇黄定桥村人陈存德先生结婚。他们结婚时姐夫已经41岁,比大姐大十12岁,是个文盲。他早年漂泊到香港,在香港做木工,喜欢饮酒和赌点小钱,生活条件一般。在当时,男女岁数差十几岁都会被别人笑话,但大姐因为是二婚,只能忍着。1959年他们生下一个女孩,这是我的第一个外甥女。1960年,经过努力和大嫂的妹夫的帮忙,大姐和外甥女一起迁往香港与姐夫团聚。姐夫基本能顾家,大姐勤俭持家,日子过得还可以,他们育有一男三女。在家乡生活最困难的时候,他们尽自己所能,寄钱寄物帮家里渡过难关。

三哥小学毕业后顺利升上普宁县第一中学初中部。家里希望他能好好学习,出个文化高的人,为家庭争光。可他生性好动,特别喜欢打篮球,为此,他让家里给他买球鞋。大哥卖了一担大蒜头,给三哥买了一双上海回力牌篮球鞋,这在当时是很了不起的关爱和满足。三哥读初中的时候,放学回家,放下书包就到球场打球,很晚才回家,时常要热饭给他吃。初中毕业,他没有考上高中。家里便筹钱给他到汕头市的补习学校补习,准备来年再考试。在补习学校,三哥认识了一位朋友黄德金,并同他结拜为兄弟。在补习学校没读到两个月,他们得知国家在招收志愿兵,三哥和黄德金等人瞒着家里去报名当兵,后来三哥被分去当铁道兵,而黄德金当上了汽车兵。其实,三哥当兵家里并不反对,因为当时农村人都觉得当兵是件很光荣的事,是一条好出路。

三哥与黄德金结为拜把兄弟的事到 1955 年家里才知道。那年初夏的一天近中午时间,德金的父亲穿着十分整齐,也很有气度,他提着一个大竹篮子,里头有鸭子、猪肉和甜馒头等礼品到我家认亲。父亲和大哥热情地接待了他。这样,我们两家就成了亲戚,一直到现在,友情延续 60 多年。

1950 年冬天,我家在土改分到的一块偏远且贫瘠的地里种上了潮州柑,希望能多赚一些钱。父亲和大哥为了改善土地的肥力到汕头市买粪肥,并把豆粕埋到柑树底下作肥料。经过两年的努力,柑树长得非常健壮,硕果累累。当时正是国家恢复国民经济时期,且中苏两国关系友好,潮州柑作为上等水果出口到东欧社会主义国家和东南亚国家换取外汇,是国家的急需。潮州柑收成的第一年,得几百斤潮州柑,卖得 1 200 万元(当时 1 万元相当于现在的 1 元,一斤稻谷只卖 300 元,相当于现在 3 分钱),这 1 200 万元已经不简单了。第二年,又收得几千斤潮州柑,价格涨到每百斤 20 万元,当年家里收入增到 1 亿元。再加上蒜头、菜籽等作物的收入,我们的家庭可以说是比较殷实的人家。有钱首先是改善生活,一日三餐多一些白米饭,多一点鱼和肉,各人添一两件新衣裳。父亲、大哥和二哥到集市上都会花钱买一点新鲜又稀奇的东西回家给大家尝新,因为我是小弟弟,什么都有我的份。而家里最重要的事是筹建房子,这是父亲这辈子最重要,也是梦寐以求的大事。

土改分地时,我家分到了水吼古庙旁一小块宅基地,可建一间约 12 平方米的房子。相邻还有一块一般大的地基,是四姨妈家的。如果一起建房,既可以节省资金,又能比较彻底地解决我家住房短缺的问题。可是当父亲找到四姨父谈这事时,被他一口回绝了。父亲只好作罢,只建了一间房。

虽然有一些钱,可还得精打细算。建房的主要原材料之一是三合土。其中红泥和沙子是父亲、大哥和二哥,再加上堂哥四人一起到山边挑回来的。石灰是他们到饶平海边买来贝壳,再到邻近乡村买来谷壳自己烧制的。房梁用的杉木从汕头市木材行购得后,用船拉到(杉木在水里漂,船在前面拉着)离家十几里地远的小码头后,把杉木捞起,再两人一根抬回工地。而建阁楼用的梁和楼板则是买下那些破落家庭的旧阁楼里的原材料,这对于像我家这种新兴的家庭来说,可真是好东西。所有的建材都准备停当,1954 年初新房动工,到年底已完工并入住。新房的门漆是朱红色,门上面用黑色楷书写了"生产""建设",其意思表达了父亲的理想和决心:努力生产和建设家园。

潮州地区新房进宅的风俗是,挑个好日子,请师公来祭拜土神并驱鬼。那天师公下午到来,首先在一张大红纸上画一幅"北辰踢斗图"(此图画得真像,就跟六十年后我得到的一副拓片一模一样)贴到正北方墙上。然后摆上供果和鸡、鸭、鱼、猪肉以及鸭蛋等五牲祭品,还有茶、酒和纸钱,等等。晚饭后,入新宅仪式正式开始,师公念经,撒仙草水,敲打法器驱鬼,然后,在地上架起一口小铁锅,锅中倒上小半锅花生油,当柴火把油烧到冒烟时,师公口含一口酒,用力喷向热油,火苗直冲房顶。这就叫红红火火,合家兴旺。至此仪式结束,天亮便可进宅了。

新房由二哥二嫂居住。新房代表我们一家的光荣,新房又是一家的厨房和饭厅。我家当时是二嫂做饭和处理日常家务,她理所当然住新房。

大嫂又搬回她刚结婚时住的房子,母亲和大姐二姐一直没有搬住房。实际上,全家吃完饭后,留下二嫂收拾厨房打扫卫生,其余的人都集中到母亲的房间,聊聊天,说说一天的工作,想想明天有什么工作需要安排,相当于现在企业的班后会。碰上农忙季节，如种花生时大家在一起剥花生种，种大蒜时节大家又一起剥蒜种，大家边干活边海阔天空地聊天，其乐融融。

一年到头父亲是最忙碌的，特别是秋天和冬天。父亲为了准备冬种用的基肥，经常刨当基肥用的豆粕到半夜。为了准备年底用来做粉粿的番薯粉，父亲又必须在凌晨三点钟左右起床，用磨盘把番薯磨碎。这活很费力，磨100多斤的番薯，需要两个多小时，一直磨到早上六七点钟。在五点钟的时候，不论大嫂或二嫂煮饭，都会做一碗鸡蛋粥送给父亲吃。鸡蛋粥就是在碗里打个鸡蛋，再加一点猪油、盐和葱花，然后把刚刚煮熟的粥浇在上面，过一会儿，蛋熟了，鸡蛋粥闻着特别香。

由于我们村的地势一边高一边低，下雨时，雨水一会儿全流走了，而雨大一些，就又发洪水，冲坏堤围，冲毁农田。因此，我们村不是旱灾就是水灾，村民的生活普遍较苦。1949年以后，政府决定在村后的山边修座水库。

水库建在村后两山之间的狭窄处，要修一条100多米长、十几米高的大坝，把下雨时下泻的山洪水截留起来。据说这座水库是1949年后普宁县的第一项水利工程，政府各部门都很重视。县里派技术人员来测量、设计。开工时，区里、邻村都派人来支援，附近的驻军也都来参加劳动建设。村里把所有的劳动力都组织起来并进行分工。父亲懂得一些水工技术，他在水工组，用石块砌涵洞、溢洪道、护坡堤。大哥、二哥年轻力壮，脑子又灵活，分在打夯组。打夯，就是用花岗岩做的一块100多斤重的圆柱体，两头圆平，中间细腰处拴着八根两米多长的粗麻绳，八个壮男子一起用力把麻绳抬起来，石夯便被举过头顶，然后让其自由落下，100多斤的大石头，以落差两米的重力夯实红泥，筑成水坝蓄水。一些没有技术只有劳力的人和妇女就到水库内挑红泥。那时候政府的威信高，况且做的又是对村里极有利益的好事，村民都踊跃参加劳动。我们小学生也参加工程建设，到山上捡小石块供水工组用。我在工地上看到父亲和兄长们都在努力工作，觉得很光荣。

用石头砌好大坝基础，在基础上平平整整地倒上约30厘米厚的微湿的红泥，调平整后打夯，夯实后重复又来一次，反复进行。防波堤也随着土堤的加高而加高。村民们每天天没亮就到工地劳动,天黑了才回家,工程进展很快,仅用一个秋天和一个春天,赶在雨季到来之前水库顺利完工并用来蓄水。此后,一般情况下村里不再发生水、旱灾害。

第二卷
充满阳光的青少年时期

春到大地万物荣，农家子弟读书忙。走南闯北学本领，来日报国建功劳。

一 小学记忆

家庭和睦,家人幸福,父母爱护子女,兄长爱护弟妹,子女敬重父母。一家人其乐融融,欣欣向荣。这是我少年时对家的印象。

1952 年暑假,正是生姜上市的季节。有一天,大哥要到揭阳县榕城镇去卖生姜,他让二姐和我跟他一起去见识都市。上午,一家人到地里挖出并清洗好一担生姜,吃过午饭,大哥挑着生姜去镇上,我和二姐跟在他的后面走。大哥挑着担,走路是快步,二姐勉强能跟得上。我个子小,腿短,要跟上他们,必须小跑。我跑一段路就气喘吁吁了,好在只有五六里远的路程,到芋头桥(榕江支流的一座小码头)以后,坐上一条小舢板。船行驶大约 3 小时便到了榕城镇码头。大哥挑着生姜直接到熟悉的菜行,生姜过了秤交给菜行老板,由菜行零售。然后,我们三人就去逛街,到小店吃晚饭。我不习惯小店饭菜的味道,但还是吃饱了。饭后我们去看潮剧。由于一路劳顿,又听不懂,我很快就睡着了。这是我第一次上城镇,到"大地方"看戏,可惜我的兴趣不大。第二天一早,我们就急匆匆地赶回家,因为大哥还有很多农活要做呢。

1951 年,政府动员全民动手消灭老鼠和苍蝇。放学回家,我拿起苍蝇拍和自折的纸袋就去打苍蝇,哪里苍蝇多就到哪里去,每天都能打 400～500 只苍蝇,是班里打苍蝇的积极分子。

1953～1954 年,学校又响应政府的号召,动员学生拾稻穗。我们农村学校(不论小学或中学)每年都有夏收和秋收两个假期,学生放假就是帮助家里干农活。因为家里劳动力多,我又比较小,能帮家里做的事情不多,所以就有很多的时间到地里去捡稻穗和扫老鼠洞口散落的谷粒。这些稻穗和谷粒有的粘着很多泥,母亲就帮着拿到池塘去淘洗干净再晒干。一个假期我捡了十几斤稻谷交到学校。这当然要感谢好心的父母、兄嫂,他们都愿意让我上交这么多的稻谷,这在其他人家是舍不得的。但是我们这种无私的举动却被某些班干部诬为我是从家里拿的稻谷来学校争荣誉。真是岂有此理!

学校还组织我们上山开荒种木薯。秋天收了很多新鲜木薯,我们切成片,晒干后卖钱。经过师生们一年多的共同努力,学校筹集到了资金,购置了铜鼓、军号、少先队旗和红领巾等。1954年的春天,学校成立了少先队。当时我们水吼小学的少先队员也就一百来号人,分为大队、中队和小队。少先队成立仪式在一个大教室举行,讲台上摆着一个瓷花瓶,插着从山边采来的三角梅,还借来一部留声机,播放国歌和少先队队歌。我是第一批入选的少先队员,并且当上了小队长,这是何等光荣啊!

1954年四五月份,少先队举办了一次大型的活动,组织我们少先队员到揭阳县参观潮州地区最长的公路大桥——榕江三洲大桥,其实它是一座五六十米长的单通道大木桥。这次活动因为经费有限,只能徒步,并且自带干粮。当时麦收刚结束,老师提出以小队为单位,请家长帮忙做麦包。具体做法是每人交一斤全麦粉,集中到由小队推选的一人手里,让其带回家做成麦包,带在路上吃。我们小队由我和副队长收集麦粉,然后到副队长家做麦包。第二天,老师带领我们排着队,举着国旗、队旗,敲着队鼓,吹着喇叭,唱着歌,兴高采烈地出发了。走着走着,队伍就悄无声息了——大家都累了。中午,到目的地附近的一所小学休息用餐。下午更是偃旗息鼓,大家散散落落拖着疲惫的脚步回家。

小学四年级时,学制由春季始业改为秋季始业,这样,我们就读了三个学期的四年级。

我们年级的教室搬到家门口的水吼古庙里。虽然教室就在家门口,下课就可以到家里溜一趟,但是不到放学时间,我从不往家跑。有时候,父亲和大哥他们在地里做重活,半晌需要吃一些点心,这时大嫂会把父亲他们吃的点心给我留一些,课间休息时让我回家吃,我从不回去,等到放学我才回家。

我是认真学习又听话的学生,老师都很喜欢我。读四年级的时候,我已经十二三岁,可以帮家里做一些事情了。家里的劳动力多,地里的活都做得很好,因此,我能做的事情就是放牛,割草喂牛,或者到地里拔除杂草。这些活我干得很差,经常被父亲批评或"痛骂"。父亲是急性子,见我做活不像样子就很生气。

1954～1955 年,政府提出修建"引榕工程"。就是从榕江上游揭西县的地方修建一条几十里长的人工渠,引榕江上游的水到普宁县丘陵地区,解决这一地区缺水的问题。这对于揭西、普宁两县沿渠的村民来说是一件大好事,农民们都踊跃参加工程建设。父亲他们的水工组负责为十几公里长的水渠砌涵洞、水槽的工作。他们七八个人的水工组,几乎是不计报酬,每天只记十分工,以后在义务工中抵扣。大家吃饭,都是由自己家里送来,我每天中午放学后,就给父亲送饭。一钵子干饭,一小锅汤,有时两个菜,有时三个菜,一荤一素,或两荤一素,都很体面,我跟着父亲一起吃饭。有时候菜多了,父亲也请年纪接近的一两个人过来一起吃。我每天都是挑来满满的一担饭菜,吃完了饭,碗筷洗净我再挑回家。其他工友很是羡慕,都说:"叔公,你老真有福气啊!"一年后工程竣工,清澈的榕江水滋润着揭西、普宁两县的几十万人民。那里的人民辛勤劳作,土地肥沃,物产很是丰富,到处呈现一派从来没有过的太平盛世景象。水吼村高处有水库里的水灌溉,现在又有榕江水保证,过去是十年九旱,现在年年丰收,人人安居乐业。

1954 年,为响应政府号召,以我家为主成立了互助组。互助组成员包括两位堂哥家及平时走动较多的一些远房亲戚,也有一两户较贫苦的孤寡老人。助贫扶弱是父亲的一贯思想。互助组一共有八九户人家,组长自然是父亲。那时候,他才五十多岁,年富力强。大哥、二哥外出的机会多,见识广,我们的互助组干得风生水起,很有特色,在村里是数一数二的。村供销合作社分到了一台从北方调运来的"五一步犁",没有人肯要。供销社主任找大哥商量,由我们互助组带头先用。那天,供销社给步犁戴上大红花,工作人员抬着犁,我们班的同学敲锣打鼓把步犁送到我们家。

收成好了，家里的钱就多起来，这是必然的规律。而钱多，首先是改善生活。吃的东西多样化，日常吃干饭的次数多一些，时不时大哥还做一些包子什么的，吃鱼、肉也容易一些。家里考虑给我买衣服，农村人买衣服，首选是保暖、耐用、价格不要太高。家里原打算给我买一件大缕（南方地区流行的一种短棉大衣），但考虑我正在长大拔高期，大衣容易变小，所以改为买一件套头卫生衣和一件黑色外衣。衣服刚买回家的那年春节，村里举办游标旗和潮州大锣鼓表演活动，我被选为旗手。旗手需要穿白上衣、蓝裤子和球鞋。我回家跟大哥说起此事，他认为蓝裤、黑衣没有什么不好。最后全标旗队就只有我是黑衣、蓝裤和力士鞋，显得很另类。

也就在那一年的春节过后，洪阳区举办小学科技展。水吼小学老师做了一台蒸汽抽水机，原理是一台炭烧锅炉产生蒸汽，蒸汽带动一根插入水里的水管中的活塞做上下运动，从而把水抽上来。我是讲解员之一，觉得很有意思，这次活动是我参与社会活动的开始。

1954年的秋天，县电影放映队第一次到村里来放映电影。场地就在小学的院子里。因为这是村里第一次放电影，男女老少都没有见过，大家都很新奇，很想见识见识。票价是一角钱，这对于农民们来说，比一人一天的伙食费还要多。很多学生为了不掏钱能看到电影，放学后就藏在教室里不出来。我回家向父母要钱，软磨硬泡，结果姐姐给我买了票进去看了电影。电影是《南征北战》。电影再现了波澜壮阔的解放战争，故事虽然过去七十多年了，但记忆犹新。从那时起，我就爱上了看电影。

1955年，国家开展农业合作化运动。村里办起了四个农业合作社，我们互助组也转成了水吼乡第四农业合作社，除了原来互助组的成员外，吸收一些贫农和共产党员家庭，以及一些特别能干农活的乡亲加入合作社，这些人经常和父亲在一起讨论种植适时作物和管理等问题。大家很团结，干活也很卖力，所以全乡属第四合作社运作得最好，收成好，分红多，引得全乡各社的羡慕。

1956年后，国家号召初级合作社转为高级合作社。这次的原则是以原来的合作社为基础,另外按地域划分并吸收附近的农户参加,合作社没有自由挑选的余地。所以,一些好吃懒做的人,甚至一些心怀叵测的人也混进了我们第四合作社。再加上农民自己管理自己,又缺乏管理经验,因此出了很多问题。比如,同工不同酬,大家干同样的活,但只要成年男子就必须记10分工,而再能干的妇女,干活即使比男人多,也只能记7分工。有的男人到地里报个到,下地不到十分钟,就坐下来抽烟,而妇女和那些不抽烟的人,就只能从早晨下地一直干到中午回家。因此,地里学抽烟的人越来越多,真正干活的人越来越少。正直的人对此提意见,却受到打击,慢慢地也就消极起来。田园逐渐荒芜,收成变差,大家都各做各的打算。那年年底,社里结算时,竟然下滑到每个劳动日(即10分工)只分到1斤稻谷,却必须交1角钱的地步。这时候,一些痞子又开始闹事。在一个坏分子的策动和主笔下,写信到县政府诬告我家偷社里的稻谷和其他物产。不久,县政府派工作组到乡里来调查,对此事,我们家还蒙在鼓里,而以前那几户跟着做坏事的人却如坐针毡。当工作组找他们谈话时,他们面如土色,立即说出某某某如何把他们组织在一起,晚上如何偷割社里的稻谷和挖番薯,然后分掉的事。县公安局把那坏分子抓了起来,以破坏农业合作化运动的罪名判了那个痞子有期徒刑五年。可惜没有抓住幕后策划者。社长还是二哥当,但是社里的生产和风气已大不如前了。

大搞合作化的同时,国家还大力推进扫盲识字运动。农村扫盲运动有两条途径:一是小学办夜校。学校利用中午和晚上学生不上学的时间,给有时间又想读书的人开班上课。另一种办法是各个合作社自己办业余扫盲班。我们社里有一个老高中毕业生刻写蜡板油印课本,课本内容是社员的名字、村里的地名和一些简单的字和词语,然后请一些中小学生当老师。扫盲班的学生是一些家庭妇女,她们必须等到做完家务以后才有时间学习,学习形式是学习小组。在一家比较富裕、有一间稍微宽敞的房子里,主人点上一盏煤油灯,几个人围坐在桌子旁,各人拿着油印课本,老师带着读,她们一字一字地学,速度极慢,我也当过这种老师。但是只教了几个月就停止了,因为这些大嫂们家务太忙，又记不住，没法坚持，扫盲也就不了了之。

那时候我们小学生也积极参加宣传工作，我参加了合唱队。记得当时我们的节目是《黄河大合唱》的《保卫黄河》。合唱队每天傍晚都到村中心广场去唱歌宣传，还到村里最高的一座塔楼（六层楼高）上用喇叭对外大声读报纸上的文章，宣传队大概坚持了半年多的时间。

有一年春耕的时候，我把牛交给大哥犁田准备插秧，我就去割牛草。初春季节要割到一筐又绿又嫩的青草可不容易，辗转来到"引榕渠"的支流旁，由于主流在维修已断流，支流自然没水，但很湿润，草长得很好。我一路割草一路沿着沟底前行，突然，脚下踩到一摊水，并且感到脚底下有力地一动。我胆子小，怕有蛇或其他"怪物"，本能地一跃上了岸。我左右张望，想找人来帮忙，刚好表弟就在附近割草，就招呼他过来。我们两人合力把那摊水舀干后，看到一条扁平、类似扇形的鱼在挣扎。抓起来一看，那鱼一面灰色一面白色，眼睛长在一边，极像潮州人爱吃的"地补鱼"（地补鱼是生长在海里的，不是淡水鱼，现在才知道那鱼是多宝鱼）。我们兄弟俩高高兴兴把鱼拿回家煮鱼粥，那天母亲正卧病在床，我先盛一碗送给母亲尝，当然也必须送一碗给姨妈。剩下每人两碗一扫而光，味道好极了。几十年后再吃多宝鱼，就没有那滋味了。

自从侄子桂川三四岁以后，父亲、我和桂川就一直住在祖传的那间约八平方米的旧泥房里。里头摆着一张火烧过的旧床，一张三条半腿的旧桌子，屋前有一小块空地。虽然条件不好，但那是父亲和几位老农好友谈天说地、探讨农耕技术和交流经验的地方，他们这种聚会一年到头风雨无阻。我自己则在屋里，在煤油灯下读书。我读书的方法是读懂，不懂的问题总留在脑子里，睡下来继续想，想通了，不论什么时候我会立即起床点灯再看一次。因此，当时村里人传说我通宵读书，其实这是误会。

大概是1953~1954年的时候，听说泰国糯米很好，我们家向别人要了一些秧苗，种在潮州柑园的排水沟里。这样，到秋天的时候收起来的稻谷可以作为明年的种子。柑园比邻是普通水稻田，在水稻扬花的时候，比邻的粳米稻的花粉飘落到我家糯米稻的稻穗上，形成了自然异花授粉，于是就培育了一个新稻种（当时，我们是不知道的）。经过我家的精心培育，秧苗已经足够插一亩田了。由于泰国糯稻的禾苗长得快，长得高，我们又舍得施肥，最后禾苗长有一米多高，很是喜人。秋天时候，稻穗长，谷粒多且饱满，那块地收了1 200～1 300斤谷子。这对当时亩产最多只有600～700斤稻谷来说，真是大喜过望。但是，当用这米煮饭时问题就出来了，煮出来的米饭既不像糯米饭又不像粳米饭，口感较差。家里人不习惯，后来就再也不种这种稻子了。如果当时我们有更多的知识，再坚持试验、改良，说不定我们家也成为水稻专家，实在太可惜了。

1957年夏天，我小学毕业了，顺理成章地报考了中学。普宁县最好的中学是普宁二中和普宁一中，这两所中学在以前排序是一中、二中。但是到我们这几届，二中比我们一中进步快，两个学校在县里是并驾齐驱。其他民办学校，根本不需报考，只要交钱便可以去读书。我顺利地考上了普宁第一中学。

回顾少年时期的生活，我仿佛在人生花园中漫步，在阳光下长大，并初见风雨。这些为我日后的成长打下了良好的基础。

小学毕业时的林南通

二 初中生活

1957 年 8 月中旬,我接到普宁县教育局寄来的录取通知书,我被普宁县第一中学初中部录取了。我们村一共有十几位同学被录取,约占报考人数的四分之一。普宁一中的录取比例不高,能考上普宁一中是非常荣幸的事。普宁县原来的县城在洪阳镇,1950 年以后,政府将县政府迁到老革命根据地流沙镇。普宁县原来仅有一所中学,因为县城的变迁,流沙镇成立了另一所中学。所以,原来的学校还是第一中学,新成立的中学称为第二中学。原来的普宁一中是在旧县政府的旁边,地方小,学生也少。后来,上学的人数多了,学校就显得太小太拥挤,因此,县政府决定把没收来的清朝官僚地主方耀的后人方十三府第的主要部分作为普宁一中的校址。

普宁一中是一所历史比较悠久的中学,到我进校时,初中已经是第五十七届了。初、高级中学每个年级都有五个班。因为教室是由原来四合院改造而成,因此不是很大,每间教室只能容纳四十名学生上课。学校的校风和学风都比较好。

从水吼村到学校要经过洪山村,再自北而南穿过洪阳镇的繁华区。整个路途都是乡间小路,不甚好走。

家里给我准备了一只中学生最喜欢用的蓝布书包,一顶当时最时尚的斗笠,斗笠上写着"普宁第一中学",一把纸雨伞,一只约可以装半斤米的米袋子。因为我家离学校约五六公里远,不符合住校条件,在学校附近租房子住,费用太高,因此我只能走读。早上六点左右从家里出发,赶到学校已经是七点一刻。我抓紧时间在小砂锅里放上从家里带来的米,用井水淘洗干净,加好水放到大蒸笼里,饭由厨工统一蒸熟。十一点半第四节课下课后,大家到此来认领自己的饭。学校的走读生有近1 000人,所以有十几个笼屉蒸饭,下课后同学们来取饭时,又挤又嘈,像赶集一样。同学们的下饭菜五花八门,经济条件优越的同学拿一角钱买一个肉菜和一碗菜叶汤;条件一般的同学拿两分钱买一碗菜叶汤和家里带来的咸菜下饭;条件最差的是白饭加上家里带来的咸菜和一杯白开水下饭。我属于后两种情况。

早晨六点多钟从家出来,为了能够赶上上课时间,我要一路小跑到学校。安排好午饭,奔到教室,满身是汗,喘着粗气,心还在扑通扑通地跳,这时坐下来上课,其效果是可想而知的。而到十一点时,肚子又饿得咕咕叫,听课效果也差。午饭后,大家在又热又闷的教室里坐着,有时候能打个盹,有时候同学太闹,连打盹都不行。下午一点半上课,也是四节课,一直到五点半放学。如果碰到当值日生,放学后还必须打扫教室里的卫生,那只能到六点钟后才能离开学校。回到家,天已黑了。因为我从来没有这么快、这么急地赶路,第一天放学回家,几乎走不动路。第二天,两条腿像灌了铅一样,几乎抬不动脚,但是也只能咬着牙坚持。几天后,走路已能跟上那些大同学了,并且还可以一边走路一边背英语单词,这是一个很大的进步。我的英语单词就是在走读中背熟的。

由于年纪偏小,走读早出晚归,存在许多不安全因素,父母建议我寄宿到朋友德金家去。因为五福屿村在我们村的右前方约5公里处,离洪阳镇只有4里地远,到学校不必经过洪山村,这样,我读书往返学校的路程就很近,也安全。唯一的问题是德金的父母亲也已经五十多岁了,下面三个妹妹都在读书,最小的才八岁,叔叔婶婶农活和家务都很忙,怕加重他们的负担。父母亲试探地向叔婶提出我在他家寄宿的问题,他们不假思索地满口答应,这样,我就到叔叔家寄宿读书。每天也是早出晚归,努力学习。有时星期天想帮叔婶做一点农活,他们却不让,还好饭好菜招待我,一直到1958年公社化吃大锅饭,学校要求学生全部住校,我才搬到学校去生活。在叔婶家寄宿虽然只有一年多时间,但是这份真情我深深牢记。

整个初中阶段,我基本上是处于混沌阶段,漫无目的地学习。成绩时好时坏,好时在班里排在第3～5名,不好时排15～20名,但是从来没有落到最后,老师不表扬也不批评。有一次,刮大风又下大雨,我到地里巡查鱼塘和其他作物是否被损毁,被雨淋病了。有几天没有到校上课,我就在家把功课都学习完了。结果数学单元测验得了满分,老师同学都很惊奇。

1960年夏天,我初中毕业考高中。中考那几天不巧得了中耳炎,脑袋胀得厉害,好像木头一样,什么都记不起来。我机械地做完试题,心想这回完了。

初中阶段,除了学习规定的各学科外,节假日我还读一些课外书和章回小说,如《七侠五义》《薛仁贵征东》《薛仁贵征西》等,还有当时国家出版的文学期刊,如《人民文学》《收获》等。这些作品对我的阅读和写作能力、表达能力都有很大提高。

就这样,我稀里糊涂完成了初中的学业。

林南通初中毕业照

三 高中生活

中考放榜,我被普宁第一中学高中部录取,分在高一(2)班。我的班主任是和我们一起成长起来的罗本仰老师,他教我们语文,黄可彻老师教代数,方博仁老师教几何,陈天、林养堡老师教化学,卢恒喜老师教英语,余武老师教物理。高二年级后语文课由林炯奎老师教。这些老师虽然大体都为高中或中师毕业,但是他们十分勤奋且都有十几年甚至二十几年的教龄,他们讲课生动,引人入胜,我很爱听,也努力学习。

高中是在全县招生,生源分散,并且大家在初中时期的学习成绩都比较好,因此,班里的学习气氛比起初中来好多了。班长叫许为源,从普宁五中考来的;团支部书记是一名女生。

班里有两个与我关系比较要好的同学,一个叫钟崇史,南径公社麒麟大队人,矮胖个子,性格温和。另一个叫张希兴,燎原公社泥沟大队人,他是共青团员,性格有些急躁。我们三人相处很好,他们两人住校,我走读。学习成绩方面,我领先,我在班里排名是前 2～6 名,张希兴次之,钟崇史属中上水平。我们属于生活水平可以温饱,但必须节俭、努力学习才有出路的同一类人。

当时学校强调家离学校超过 5 里地的高中同学必须住校,目的是保证学生的学习时间,这无疑是正确的。我权衡走读与住校的利弊后,决定走读。我跟班主任提出走读的请求,他开始不同意,经我反复说明情况,他有条件地同意我走读,要求是:我的成绩必须保证在班里前五名以内,我答应了。其实这是多余的,力争好名次是我的本分和决心。

1960年年底，我家接到在泰国的表哥来信，说他女儿王美婵的学校解散了，美婵要从青海省西宁市回老家来暂住。后来美婵由大哥到汕头市接到家。第一次见面，美婵给我的印象是性格开朗大方，因为她是在泰国出生并长大的，可以说一口流利的潮州话，且她在内地读了几年书，普通话也讲得很好。她没有一点看不起农村人的毛病，每天跟着我们到地里割小麦、收豌豆、挖地瓜等。因此，她跟家里所有人都相处得很好，尤其是跟大嫂相处更融洽。每天晚饭后，全家人坐下来聊家常时，常常可以听到她讲一些农村人闻所未闻的城市事情，这对于我来说确有很多新鲜的东西。因为那时候的农村既没有广播更没有电视，唯一的一份报纸在乡政府，很多人根本不知道外来的消息，信息非常闭塞。王美婵带来的信息和见闻给了我很大的启发，激发了我的求知欲望，也扩大了我的视野。王美婵1962年秋天离开老家到武汉市华侨补习学校学习，准备报考大学。她到武汉后，给我寄来很多复习资料，那些资料虽都是在旧书摊买到的，但却对我后来的高考有很大的帮助，我很感谢她。

那时候，农村还没有电，晚上只能用煤油灯照明学习。就是这样的条件，有的家庭还不具备。每天的作业我都争取在白天自习时间做完，不留到晚上。晚上的时间我用来复习当天的功课，我的学习非常主动，也很灵活。有空我也阅读一些课外读物，这些读物对我后来的成长影响不小。看过的长篇小说有：杨沫的《青春之歌》，曲波的《林海雪原》，柳青的《创业史》等。对我影响最大的是《创业史》，我被书中主人翁的创业和拼搏精神所激励，我一直铭记这本书扉页上的一句话："家产使兄弟分家，集体使一村人团结起来。"这部书对于我后来的人生道路起着极大的引导作用。我接触比较多的另一类作品是苏联二十世纪三四十年代的散文作品，五十年代被翻译成中文。我觉得这类作品结构紧凑，语言流畅，读起来如身临其境。另外，文章短，读一篇文章最多只需要十几分钟，容易拿起，也容易放下。高中时期我作文的风格大多从这些作品中学来。

1961年夏天，潮汕地区下了一场百年不遇的特大暴雨。我们学校也被淹了一米多深的水,洪水两天没退。当时的汕头地委书记罗天乘直升机到洪阳地区上空视察灾情并空投救灾食物。可是从那以后,天又不再下雨,转为大旱,也是五十年不遇的大旱灾。这次的旱灾是在原来生产力受到极大破坏、生产水平极低的情况下发生的。而抗旱,主要是保住稻种和地瓜种,尽量种一些用水少、快生快长的作物,以填饱肚子,避免饿死人。当时的物价,一斤大米 15 元,一斤地瓜 2~3 元,一斤猪肉 50 元,一斤鱼二十多元,在正常的情况下这些东西的价格只有当时的 1/15~1/20。在这种情况下,我也积极加入抗旱大军中,每天放学回到家,放下书包,立即到地里找水浇菜,做些力所能及的事。

这种一边读书一边参加生产劳动的生活,虽然学习的时间少了一些,但是学习的效率却很高。我的学习成绩基本都是八九十分以上。语文课除了基本功比较扎实外,作文也很好。我主要是构思独特,并能把身边的事融入我的文章,且语言流畅。有一次全县高中作文比赛,题目是《有志者事竟成》和《日出》。我选取《有志者事竟成》这道题,以古今名人诸葛亮、文天祥、孙中山和毛泽东等人为例子论证有志者取得事业成功的道理。文章的论点和文笔都不错,但是老师说卷面涂改太多,所以参加不了县里的评比,只能在学校里作为示范作文贴出。

英语课我也比较出色,因为我天天背诵英语单词,熟能生巧。在高二年级时,我被挑选参加全校英语演讲比赛,由于比赛时临场发挥不好,中途偶有个别单词出现卡壳情景,急得我满脸通红,浑身大汗,后边的内容就乱套了,勉强讲完,最后被淘汰出局。这对我影响不大,志在参与嘛。

我最喜欢的是化学课。随着各门功课更深入的学习,我越来越喜欢化学课了。俄国化学家罗蒙洛索夫和门捷列夫的事迹给我留下深刻的印象和巨大的影响。化学变化是那么奇妙,那么引人入胜。对于化学现象,我能认真思考,找出答案。所以,别人认为难懂的氧化还原反应方程式、物质变化等问题,我都能灵活运用。我经常向老师提出一些问题,只要我还想不通,就会一直与老师讨论,直到弄懂为止。陈天老师和林养堡老师都很喜欢我,并对我爱护有加。此后,我逐步坚定了将来攻读化学专业的想法。

对于当时的政治课,我是以一门功课来学习的。虽然我对政治并不感兴趣,但是我也认真学好它。那时候,政治课是没有正式教材的,学校必须根据当时的国内外形势印发一些讲义给学生学习。有一次,发下来的讲义从字面上来说,上下段是通顺的,但是两段的意义却不能衔接,我觉得讲义内容错了。于是我找到当时教政治课的许教导主任,他看完讲义发现原来是漏了两段,并在课堂上说,学习要像林南通那样,要用脑子思考,而不是只念经,不动脑。

由于我在挑粪时脚后跟被大砂粒扎伤,开始不在意,坚持着一瘸一拐地坚持上学,但是后来伤口化脓肿胀,实在走不动路,就搬到学校住宿,每天都是钟崇史和张希兴帮我打饭,扶着我到教室上课。后来找到大哥的好朋友,一位兽医帮我处理伤口。他用苯酚晶体敷在伤口处,伤口发热发烫,苯酚慢慢融化,伤口处又痒又痛。过了约半个小时,把苯酚擦去,洗净伤口,伤口及周围皮肤全都变成白色。这样处理几大后,伤口脱了一层皮,并逐步痊愈了。就这样,我开始了全寄宿的生活。

因为脚还不太方便,我只能一个月回一次家,平时的伙食由家里每星期一托同村校友给我带来大米和一玻璃瓶的炒萝卜干。一日三餐,每餐伙食就是一盆米饭就萝卜干,有时候实在太久没有吃到青菜了,就花五分钱买个水煮青菜下饭。日子清苦一点,但是大家的生活水平基本如此,也不觉得苦。

每天大家都是天蒙蒙亮就起床,洗漱完毕,到学校附近的田边地头、小溪边开始早读,七点钟回来吃早餐,虽然没有手表,但是时间还是控制得很准确。中午没有午休,午饭后直接到教室做作业。下午五点半下课,赶快吃晚饭,洗好澡洗完衣服后,又夹着书本到田间地头去读书,直到天黑,教室的灯光亮起来才回到教室学习。偶尔也同钟、张两位同学一起边漫步边聊学习上的问题。

住校这一年多时间,由于学习的重压,生活的艰苦,我几乎快撑不住了。脑袋经常胀胀的,鼻孔常常突然出血。为了不辜负父兄的期望,不枉费十几年的心血,我咬牙坚持,再坚持。可能在同学们当中我属于年龄较小的那一部分,情窦未开,别人边读书边谈恋爱,难免影响学习,而我们三位同窗好友心无旁骛,只有读书,因此我们的学习成绩一直领先且十分稳定。

高中三年级时,学校根据学生平时的成绩和上大学的意愿重新分班,我和钟、张都分到了第一班。第一班集中了本地区的学习尖子生,当然学习的竞争也更加激烈。班主任老师把我们看成是新来的学生,对我们不甚了解,也不太关心。好在我们的心态比较平和,不太去理会别的事情,我们三人互相鼓励着,并不感到孤单。

高三很快过去,毕业考试已结束,仅有一个多月的时间就要高考了。可我心里没有一点底,报考什么学校,什么专业,我是浑浑然。同学们有的准备报考北京大学,有的报考清华大学,各有各的憧憬。我想学化学,听别人说南开大学的化学系不错,那我就报南开大学化学系吧。可是志愿表送到班主任那里,立即给我退了回来,原因是一班的另一位同学要报考南开大学化学系,本校同学不建议报考相同学校的同一专业,以避免竞争。老师找我谈话,要我报考唐山铁道学院。他说"唐铁"没什么人报考,容易考取,要我顾全大局。我想不通,立即找到原来的班主任陈光老师,向他说明情况,请他帮我拿主意。

陈老师认为,一直以来我的学习成绩比较稳定,如果不是临场发挥失常,考上南开大学应该没问题。他的话坚定了我的信心。我坚持填报的第一志愿就是南开大学化学系,第二志愿是华南农业大学农药系,第三志愿是中山大学化学系。志愿表递到班主任手里,他气得不愿意搭理我。

7月7日~9日是高考的时间,普宁县考场设在普宁二中。为了备考,学校在7月1日就开始放假,让大家做好高考准备。家里从来没有人考过大学,没有经验可谈,也没有什么可以叮嘱的,家里人向别人借了一块女式手表给我暂用,让我掌握时间。另外,家人怕我怯场或身体虚弱顶不住,给我找了两三粒筷子尖大小的西洋参。母亲交代说,一旦头晕,就取一粒西洋参含在嘴里可以提神。7月4日集中到校,5日一早我们大家各带一床席子和少得

成家立业都无法确定,家里不要为我找对象,免得以后痛苦。母亲说知道了,这就免了我以后多费口舌。

8月30日和31日是新生报到的日子,我计划于8月26日动身。前一天晚上,家里买了一些糖果在生产队队部开了个简单的茶话会,告诉队里的乡亲们,我明天要到天津上大学。出发那天中午,家里做了几个菜,全家一起吃了午饭后,大哥和姐夫用自行车驮上我和行李,送我到流沙镇坐车。临别时,母亲在一旁小声哭泣,父亲安慰说:"不要哭,他去读书是好事,人家都没机会呢,我们应该高兴才对!"

林南通高中毕业照

四 大学生活（一）——校园生活

1963年8月26日凌晨两点多钟我起床洗漱毕，到普宁县流沙汽车站前的小地摊喝碗白粥就上车了。三点半钟，汽车开动了。那时候的汽车是用木炭当燃料，车厢小，仅能坐二十人。

汽车驶出车站，离开县城，进入黑漆漆的旷野，我这才意识到离开了家乡。第一次离家到那么远的地方，前途在哪里，会碰到什么困难，如何生活等问题，我都茫然不知。反正我就是相信国家和政府，认为此去一定前途光明！

大概十点多钟，汽车到了海陆丰地区——海防前哨。行驶到一处一边是山一边是海的悬崖边时，突然前面有几个背着步枪的民兵摇旗叫"停车"，他们说要上车检查乘客的出行证明。那时候还没有身份证，大家带的是由村里开出行证明。检查过证明，没有发现问题，我们的车继续往前走。我从车窗往外看，隐约看到民兵们背着枪在走动。

车到鲘门镇，停下来吃午饭。午饭是一碗白饭一碗清汤。下午汽车在惠州地区行进，太阳很猛，车里没有风扇更没有空调，车窗很小，车厢里十分闷热，我浑身被汗水湿透。下午三点多钟，汽车行到增城县的一条山沟里时，前不见村，后不靠店，车却熄火了。司机揭开车头盖折腾起来，可怎么也没法发动汽车。本来五点钟前可以到广州，可折腾到天黑了，离广州还有五十多公里。司机这时候才着急，他请往广州总站去的司机捎信让总站派车来救援。救援车把我们送到汽车总站已是晚上九点多钟，好在广州已经有新生接待站的代表到车站接车。因为那时华北地区发大水，冲坏了铁路，导致北上的火车停运，广东省高教厅临时组建了这个接待站用来接待北上的学生。工作人

—

员都是广州市各高校的高年级学生。汽车站与火车站的距离很近，徒步仅几分钟，我被领到了火车站，晚上就住在火车站的候车大厅里。候车大厅里已经有几百人，都是北上滞留的新生，大家不分男女，一张席子铺下，头上枕着行李，和衣而睡，秩序井然。

第二天一大早，接待站的代表送来了餐票，我们凭票可以到铁路饭堂吃饭。早饭后，高教厅的领导来接见我们。九点多钟，高教厅厅长欧初介绍了华北水灾致铁路中断和抢修的情况，并说只要铁路一通，第一趟车就会送我们北上。我们住在火车站候车大厅里，由政府供应饭，保证大家有吃有住。广州火车站供的饭菜比家里的好多了。下午我到华南工学院去找朋友，在他们饭堂吃晚饭。他们饭堂的饭是双蒸饭（因为当时学生的口粮不够，为了让学生能填饱肚子，第一次把饭蒸到八九成熟，放凉后，第二次再加水把饭蒸熟，这样蒸出来的饭体积很大，松松的，但吃起来口感很差，也容易饿），菜比我家的还差，看来大学生的生活也不容易。

接待站的工作人员组织我们去拜谒烈士陵园、游玩越秀公园。在广州的日子并不觉得无聊和难过。29日早晨，接待站的工作人员告知我们当天下午将开动第一趟北上列车。下午两点多钟我们到北方去读书的学生（包括新生和放暑假回家返校的老生）一起排队登车，当时，高教厅厅长还前来送行，场面很是感人。列车严重超员，硬座车厢两排椅子十个座位，却硬是挤了十二三个人，再加上新生的行李多，整个车厢被挤得满满的，连个转身的空间都没有。列车员是个三十多岁的男子，中等个子，很结实。他一手提一把大水壶，一手拿着一块抹布，一边大声吆喝着，让大家把东西摆好坐下，一边给大家倒开水。列车开动后，他又过来帮大家整理行李。因为行李又多又很重，他干得很费力，弄得满身大汗。行李整理完毕后，列车员说，因为是长途车，行李已摆好了，腾出地方好让大家晚上睡觉。说完列车员又忙活开了，他一边给大家续水，一边请大家唱歌，车厢的气氛变很活跃，呈现一派暖融融的氛围。

晚饭来了，三毛钱的菜加饭就很好了，如果再加五分钱，可加半个咸鸭蛋。到了晚上十点多钟,列车员安排大家睡觉,三个座位安排两人坐着,靠着小桌子的人趴着睡觉,一人到长椅子底下去睡觉。总之,他安排得很合理,大家都得到了休息。这就是当时全国学雷锋运动的新气象。

火车经过了两天的运行,出广东,经湖南、湖北,过黄河大桥,第三天下午四点多钟到河北省,速度立即慢了下来。往车窗外一看,原来是铁路被洪水冲开了一段几百米长的大口子,抢修工人搭起枕木井字架,井字架上是铺好铁轨的临时铁路,我们的列车就在这临时路上爬行,而井字架上还有许多工人在干活。这时,车厢里响起"向工人阶级学习"的口号声,下面报以热烈的掌声。

9月1日早晨五点多钟,列车抵达京广线终点站——北京火车站。初秋的北京早晨,太阳早早挂在天上,天空万里无云,从火车站大厅的玻璃顶向天空望去,有十分奇妙的感觉,使人心旷神怡。从遥远的南方小村庄,来到天子之城,确有古人"朝为田舍郎,暮登天子堂"之感慨。

上午九点多钟,换乘北京至天津的火车,下午三点多钟抵达天津站。在天津火车站已经有南开大学新生接待站的校车在等候,直接把我们送到学校。到校后凭录取通知书报到,我被分配到化学系1963级第八班。

由于一个星期的旅途颠簸,思想紧张,加上气候变化大等因素,我感冒了,第二天开始一直咳嗽。检查身体时,体温偏高,白细胞也高,因此我被确定为暂不能注册的学生。当天已注册的同学都到抗洪一线去,只留下两个不能注册的难兄难弟——我和刘模。刘模来自山西省太原市,他不能注册的原因是肝肿大。一个星期后,我体检复查结果一切正常,正式注册,我的学号是63815。意思是1963级八系(即化学系)15号,我很高兴,等同学们抗洪回来,正式开学,我就能和他们一起上课了。

从来没有离开过普宁县的我,一下子跑到天津市,并且经历了许多波折,好在一切顺利。我深深地感到当时社会风气确实好,处处听到的是"我为人人事事福,人人为我处处春"的口号。这就是二十世纪六十年代我们欣欣向荣的国家。

学校正式开学后,第一件事情就是解决学生的生活问题。粮食定量供应,天津市的大学生每人每月是 30 斤粮食,但是可以互相调剂。因为我们班女同学多,数量与男同学相等,把她们的定量调低为 24 斤,我们男同学就可以增加到 36 斤,相当于每天有一斤二两的粮食,这就足够了。第二件事情就是解决经济来源问题。当时国家还很穷,除了少数高级干部和高级知识分子,以及资本家有钱供子女上大学外,其他的一般工人、农民家庭都没能力供子女上大学。很大部分的大学生是靠国家助学金维持在学校的学习和生活。天津地区人民的生活标准是每人每月 10 元左右,学生的助学金标准从每月 4 元到 16.5 元不等,60%～70%的人有助学金。我从南方来,没有一套像样的衣服和必要的被褥,人长得又瘦又黑,一看就知道是从贫困地区来的学生,于是我被评了每月 16.5 元的助学金。这 16.5 元助学金,有 12.5 元是伙食费,另外 4 元是零用钱和文具费用,可见当时国家对大学生是何等关心。我当时身上只有十几元余钱,如果没有助学金,连吃饭都没着落了。为了不给家里增加负担,大学期间,我没有下过一次馆子,大一、大二期间没有买过一个水果吃。每月除了买文具和必要的生活用品花 1～2 元钱外,没有其他开销,因此,每月倒是还有 1～2 元的结余。

学习走上正轨后,学生会的各个课外活动小组贴出招人公告,我也很想参加一些活动。于是我报名参加划艇组,但测试体力一下子就把我刷下来,因为我引体向上才做 3 个。而考游泳,我也只会狗爬式,样子要多难看就有多难看。我又报名参加摩托车小组,可我骑自行车都歪歪倒倒的,离骑摩托车的要求差远了。最后报名参加摄影组,可我连照相机的样子都没见过,谁要呢?从大城市来的同学,各组都抢着要,多风光,我多羡慕人家啊!我还是老老实实回教室读书吧。

我们班的同学在高中时都是学英语的,大家来自上海、天津、江苏、湖南、湖北和广东各地。很多人在高中时的表现就很出色,还是班干部。我在闲谈中了解到,很多人原来第一志愿是报考北京大学、清华大学的,因为考试失手,才被录取到南开大学。我坦诚地说,我的第一志愿就是南开大学化学系,我对化学有浓厚的兴趣。因为他们来自大城市,所以见识广,又能做很多事情,比如他们玻璃窗擦擦得很干净,也会拖地,我只能给他们提水洗抹布,当配角。他们对体育活动也很内行,乒乓球、排球、篮球等都玩得很溜,我只能跑跑步,或在场外帮他们捡捡球。最困难的是语言问题,虽然全国已经大力推广普通话,但是在潮州地区长大,没有离开过出生地的我到北方大城市,学说普通话就很吃力,因此闹出很多笑话来。本来同学之间闹一些笑话也可以活跃气氛,不是什么坏事,可气的是一名同是广东来的客家籍同学,他自己说一口的客家话,还偏以为是标准的普通话,经常讥讽我的普通话。没多久,他又当上了班里的团支部书记,觉得很了不起。他经常用客家话的意思歪曲我的潮州普通话,有时候还上纲上线,以把我踩在脚下为快。当时我百思不得其解,他为什么要那么踩我?实在忍无可忍了,一次晚自习后我找他汇报思想。他告诉我说,我是全班录取成绩最低的人。言外之意,我是全班最差生,可以随便踩。我无言以对,谈话不欢而散。我心情很不好,咬着牙,心里想:是好是差,年底见!

大学时期在校读报学习的林南通

很快过了国庆节,天气渐渐变凉,也变得干燥起来。广东到天津,气候变化多大呀,我本来体质就差,加上气候不适应,心情也不愉快,经常感冒发烧。一发烧,体温就升到40℃,甚至达到40.5℃,很不舒服。转眼到了十二月,天已经下雪,气温降到零下,学校开始给有困难的来自南方的同学发放棉衣裤和被褥,我领到一套棉衣裤、一床褥子和一双棉鞋。学校对我们非常关心,可以说是无微不至。宿舍开始供暖气,我们寝室在锅炉房的隔壁,那个片区的暖气总管就从我们房间穿过,每天早晨五点钟锅炉房供暖气时,蒸汽快速流过的水击声,吵得人没法睡觉。而刚从锅炉冲出的高温蒸汽使管壁温度达到100多度,很烤人,别说睡觉,就是在床上光膀子躺着也浑身大汗,确实受不了。我就是在这样的条件下煎熬,每天睡不好觉,头脑昏昏沉沉。时不时就感冒发烧,经常往卫生所跑,打针吃药是常事。当时,刘模对我是最好的,他常为我到食堂打病号饭。病号饭是挂面汤,我一喝就是四两,也就是四大碗。

不管怎么不舒服,即使感冒咳嗽,天天打针吃药,学习还是要坚持的,我每天准时背着书包上课去。

那时候,学生必须自力更生,食堂除了请一些大师傅做饭外,我们学生也要轮流到食堂帮忙。凌晨四点多钟起床到食堂帮忙做早餐,早餐是馒头或窝头(窝头就是玉米面做的)和大米粥。我们帮忙做完早餐后,已经六点多钟,紧跟着就卖早餐,一直忙到快七点半钟才赶往教室上课。中午和晚饭,我们有时候也帮忙卖饭,因此,那时候学会了一些做饭的本领。

很快春节到了,那时候学习是很紧张的,学校只放一个星期的寒假。那些离家近或经济条件好一些的同学都回家了,我和离家远、经济条件又差的同学留下来在学校过年。学校食堂加菜,大鱼大肉,山珍海味,以前我从来没有见过的山珍海味都吃到了,真是高兴极了!大年初一,大家在一起包饺子。因为留下来的大多数同学是外地人,没有包过饺子,因此家住天津的同学赶过来帮忙。我们到食堂按人头领了面和肉馅,回到宿舍用酒瓶当擀面杖,大书桌当案板做饺子。为了多包饺子,开始时大家把饺子皮擀得薄薄的,馅包得多多的,这样馅就不够了。于是又到食堂拿馅,拿了馅回来,又把饺子皮擀厚了,馅又多出来,就这样反复折腾了两三次。最后,把饺子端到食堂去煮,大师傅说,你们不是煮饺子,是煮面片汤。果不其然,饺子大部分被煮破了,我们煮了一锅面片肉汤,很不好吃。

春节休息了两三天,我又背起书包上图书馆复习功课。我的学习方法是"温旧知新",就是原来学习的东西,经过一段时间再回头复习,看看哪些掌握了,哪些需要加强。而我们班的那位团支部书记是提前预习,他对我说,那些一看就懂的东西上课时就不用听了,不懂的地方做个记号以后好好听讲,他自诩学习成绩好,以他的所谓先进经验来指导我。我回应道:我的学习成绩不好,记忆力又差,只能慢慢来。当然,我也不是不预习,比如化学实验课,我事先都做了充分准备,根据课程安排,课前写出实验方案,这样就心中踏实,不会慌乱。在一次实验课上,老师一直站在我的后面,他也没吭声,可是我心里发毛,以为自己做错了什么事情。过了一会老师开口了,让我举例说明二氧化硫的氧化性。二氧化硫是一种很强的还原剂,它能使很多氧化性很弱的阳离子还原成单体,我可从来没有考虑过二氧化硫的氧化性。现在老师把问题提出来,我脑子一下子反应不过来,一片空白,满头大汗。但我迅速回过神来,像过电影一样,脑子里闪现硫化氢气体和二氧化硫气体一起燃烧生成单体硫黄的反应实例,我把它简述出来。老师只简单地说:好!问题比较刁钻,而我的答案非常准确。

大学时期上实验课的林南通

春节后,学校安排我们到河北省的宝坻县参加农村社会主义教育运动。宝坻县是天津市的郊区,那里的生产搞得很好,农民生活水平高,天天白面馒头、饺子、白面饼子、小米饭、面条等,餐餐羊肉炖大白菜。虽然只有短短的四十天,但我的体重却增加了五六斤。

天气慢慢暖和起来,环境也逐渐适应,身体没那么多毛病了,我专心致志地学习。那时候,国家推行教育改革,要学以致用,不能死读书。因此,学校提出主课实行"开卷考试"——就是考试时可以带书查看,可以讨论,其他科目还按原来的习惯考试。文件发下来,学校像炸开了锅,议论纷纷,同学们异常紧张地备考,我也不例外,只是我还是不紧不慢地读书。

考试那天,同学们都早早来到大教室。有的人带来了各种教科书,摆满桌面,我只带来一本化学应用数据表,以备必要时查找。全年级八个班在一起考试,同学们各选各的座位,相邻之间不是很熟悉,因此考试根本就不可能讨论,还是老办法,各做各的题。

试题发下来,共有十几道题目,其中有一道题目是"把氧化铁和氧化铝的混合物分开",这道题目是自由发挥,占60分,其他的填充题才40分。我看到题目后对自己说:不慌,先把容易的题目扫清,最后才解决难题。填充题只花了不到半个小时就完成,自由发挥题就必须谨慎了。考虑片刻,根据氧化铝具有两性和铝盐溶于水,而氧化铁只有碱性,并且不溶于水的差别,我用氢氧化钠溶液先沉淀出氢氧化铁,而碱性的偏铝酸钠留在溶液中,然后把氢氧化铁用盐酸溶解,我认为这是最有效最简单的办法。休息片刻,我平静地交了试卷。

考试成绩是大家最关心的大事,根据同学们自己的描述和各人平时学习的表现,大家估计团支部书记等三人会是班里夺魁的人。成绩公布了,全年级250多人,有4人考了满分,另有45人及格,60%的人不及格。不及格的人全错在自由发挥题上,全年级哗然。我们班只有我一人考了满分,另有两人及格。那位团支部书记一天到晚追问我是怎么学习的,我回答说,目标不高,弄懂为止。这次考试我取得好成绩是理所当然的事情,一分耕耘一分收获嘛。而我这次取得的好成绩也验证了自己的学习方法能适应大学的学习生活,增强了自己的信心。

暑假开始,我参加军训。每天早上四点钟起床、集队、跑步,持木头枪匍匐前进,通过障碍物,练习刺杀等,每天训练到上午十一点钟休息。整整一个月,磨破了两双解放鞋,同时我身体结实多了。下午稍事休息,我又到图书馆复习功课和看看小说,很是惬意。对于无机化学课的掌握可以说是滚瓜烂熟,并且应用自如,这对我日后的工作起了很大的作用。

林南通大学二年级照片(1965 年)

五 大学生活（二）——到农村去

1965 年的暑假很短，八月中旬就结束了，回学校分班组学习中共中央有关农村工作的文件。九月中旬，我们化学系三年级的同学被送到沧州市去参加农村社会主义教育运动。我们首先到沧州市接受一个星期下乡前的教育，学习相关文件和工作队队员守则等。我们班的同学大部分被分配到沧州市王祥庄公社，我和刘模同在王祥庄公社前流塘大队工作组属下的一个生产队。

沧州是历史上有名的穷地方，而前流塘村又是沧州地区最穷的村子之一。那里的土地是盐碱地，种下去的庄稼收成很低。我们工作组组长韩长宁同志，年纪 40 多岁。他到朝鲜战场参加过抗美援朝，回国时是副连长，转业到沧州市供销社任副科长。韩组长为人比较正直，但脾气不太好，容易急，急起来就骂人。

我们到村里先是"三同"，即同吃、同住、同劳动。就是到贫下中农家里去吃饭，交给他们伙食费和粮票，体验他们生活的艰难；住在所在生产队的房子里；和农民一起下地干农活。为了不加重某一户农民的负担，我们三个人分开吃饭，每户去一人，轮流吃饭，这样大概每个农户每月要派我们两天的饭。

九月下旬，正是沧州地区秋收的季节，我们和农民一起收苞谷，收成很差。这里在 1963 年华北地区发大水时被国家指定为分洪区，当时是八月底九月初，苞谷刚扬花灌浆，经水一泡，庄稼是颗粒无收。一年后水退完了，又碰上大旱。我们进村时，看到的大水坑有六七米深，那时已全干到底。村子里的水井几近干枯，农民吃水都有困难，可见旱情的严重。那几年，村民们的生活全靠国家拨救济粮,收成的这一点粮食是准备来年做种子用的。由于收成不好,村民们干活没有劲,工作组天天动员大家去干活,可下地的人还是不多,且出工不出力,真是急死人。为了带动村民,我们工作队队员天天带队下地,每天都是臭汗一身又一身。晚上,又要召集村民开会宣讲政策,忙得不可开交。几天后,衣服都变得又臭又硬,衣服穿脏了,没有时间也没有水洗,换上第二套。可是总共就这么两套衣服,来回倒换。十几天后,身上痒了起来,脱开衣服一看,只见线缝处全爬满灰色的虱子、挂着白色的虱子卵,真是吓死人。几乎所有的同学都如此,这情况反映到学校驻沧州地区的领导那里,领导们同意给我们放一天假,大家到沧州市去洗澡杀虱子,也去吃一餐好一点的饭。从那以后,每两个星期我们就放一天假,上沧州市洗澡和改善生活。

秋收后,开始种冬小麦。生产队派一个中年男子带上我和刘模共三人,扛着犁,背上二十多斤麦种去种两亩地。我和刘模在前面拉犁,那位社员在后边扶犁。我们前面拉犁的人力气小又没有经验,一脚深一脚浅地往前走。扶犁的人也没有把住犁,他用力下压时,犁尖往上翘,我们觉得省力。惯性力使我们向前一冲,接着两人就向前趴倒,与此同时犁尖一跳,差一点插到我们的脚。扶犁的人一走神,他不用力下压,而是向上一提,犁尖插入深土了,我们拉不动,又立即向后跌倒。就这样跌跌撞撞,歪歪倒倒,两天才种完这块地。我们的肩膀早已红肿,全身麻木,确实累。

晚上开会对我们也是一大考验。村民干一天活,回家吃完晚饭,又赶来开会。天冷,屋子的门窗关得紧紧的,一间20平方米的屋子,坐了30~40人。这些人大都抽旱烟,屋子里又呛又闷又热,使人昏昏欲睡。村民开会睡觉是理所当然,而我们工作队队员绝对不能睡觉。瞌睡来了,脑袋一耷拉,口水滴下来,一个激灵醒了过来,到屋外透透气,凉一会,提一下精神再进来开会。

冬种结束,是北方的农闲时节。我们的工作也转向在村里找老农民、老大娘聊天,了解队里的干部哪个好,哪个有问题。我们把问题用脑子记下来,回到宿舍再做笔记。如果当面把他们说的情况记下来,他们怕以后受到打击报复,就不敢说话了。有时候,他们正在做饭,我们就边聊边学习做饭。包饺子、发馒头、擀面条、蒸窝头、贴玉米面饼子和熬糊涂，什么都学。这些手艺对以后成家过日子太有用处了。秋天收到的玉米仅够煮玉米糊喝，村民们的大部分粮食就只能靠政府救济。

生活艰苦，再加上休息不好，当时身体不好，又黑又瘦，穿着老破棉衣，显得很老态，我看上去足有三十多岁，村民问我多少岁，我回答"三十三岁"接下来必须把假话说到底。我说我老婆叫"未明"，我们有两个小孩，一男一女，住在天津市。这些胡话，老实的村民都相信。有了这个假信息，避免了很多麻烦，比如大大方方与女村民聊家常，绝对没问题。

1966年初春，河北省邢台地区发生大地震。那天下午，我们正在屋子里学习文件，突然屋子晃了起来，人跟着摇晃走不动路，过了分把钟，又平静下来。当天晚上可就麻烦了，全体工作队员到村民家动员他们搬到屋外安全的地方住宿。天寒地冻的，让拖家带口的村民搬到野外露宿，老人、孩子、病人等都成了实际困难者。那天晚上折腾到下半夜两三点钟，还有几位卧病在床的老人没有搬出来，其他工作队员硬要去把他们背出来。我看那架势，如果把老人硬背出来了，一旦有个三长两短，村民们一定怪罪我们，我们可担当不起这个责任。后来，我同意他们等天亮再说。

1965～1966年的冬春时节，根据工作队的安排，我们带领村民搞农田深耕改土工作。由于沧州地区是盐碱地，要使庄稼长得好，提高产量，就必须消除盐碱性。因此，每十来米宽的土地之间挖一道宽和深各一米左右的排水沟，等天下雨时雨水渗入土地，溶解地里的盐碱成分后再排到沟里，最后流进河里去。再就是在地里每隔一米挖一个约一米见方七八十厘米深的土坑，土坑中先倒入一担农家肥作为基肥，再加入农家肥与土壤的混合土，等春天再种上玉米苗，浇上水。有这么好的条件，玉米应该长得不错，秋收时果然获得了大丰收。这是后话。

1966年春天的时候，同工作队的一位小伙子愁眉苦脸的，从其他人那里得知他母亲得了癌症，需要钱治疗。看他小小年纪，母亲就得绝症，而他每月仅有十几块钱的生活费，怪可怜的。我就把几年节约攒下来的十几块钱生活费送给他,让他寄回家给他母亲治病。这是我一生中第一次做的大善事。

1966年6月中旬,学校决定让我们下乡的学生全部返回学校。

这次下乡接受贫下中农再教育,前后共有九个月的时间,生活比较苦,也丢掉了宝贵的一学年的学习时间,确实可惜。但是在这段时间里,我不颓废,认真地学习社会生活知识,吸取社会营养,学习做人,也使我看到了社会各方面的正反情形,锻炼了在艰苦条件下生存的能力,这对于我日后的发展是大有益处的。

林南通大学毕业照

第三卷

成家与立业

动荡年代，步入社会。坚信光明，锻炼自己。

一 走向社会

　　与女朋友絮吟通信联系已经有一年时间，我们在信里无所不谈，交流得很充分，但是两人从没有见过面。我们想借此次南下广东的机会在汉口与她见上一面，好好聊聊。我买好12月23日天津到汉口的火车票并发电报给絮吟，告诉了她车次。

　　火车到达汉口火车站是早上七点多钟，絮吟和美婵到车站接我。絮吟和美婵是武汉医学院的同学，美婵和我是亲戚，也是我与絮吟的红娘。美婵我很熟悉，絮吟虽然是第一次见面，但此前我已经反复看过她的相片，所以一眼就认出来了。她们接过我手里的行李，我们一起往住处走去。一路上只是我和美婵说话，絮吟在一旁听着，很少插话，脸上是一片春天般的笑容。我在汉口停留了四天。好在住地离絮吟的学校比较近，所以我每天白天都往学校跑，中午与絮吟一起散步聊天。几天后彼此都有了进一步的了解，就把婚姻关系确定了下来，并约定各自告诉父母。

大学时期的蔡絮吟

　　我打算1968年12月29日离开武汉南下到单位报到,那天我在车站签票的时候,除了车票外所有的证件和零钱都被小偷摸走了。上车的时候列车员倒是没有查我的证件,我顺利上了车。絮吟送我到车上,在我的座位旁站着说话,一直到列车员要求她下车,我们才依依不舍地握手道别。

　　我乘坐的是特快列车,第二天上午火车抵柳州,我下车转乘柳州至湛江的车次。因为傍晚才有车经过,等车时间没事做我便独自一人在柳州市闲逛。由于武斗的破坏,到处是残垣断壁,满目凄凉,惨不忍睹,心情十分沉重。我对自己说:但愿茂名市不会像柳州这样啊。傍晚我登上火车南行,次日下午火车抵湛江站。我一下车就碰到了麻烦:当时,广东省的管制极严格,出火车站需核对外出证明书,无单位证明书便会被拘留起来。我向戴红臂章的检查员说明情况,他没有为难我,让我去买第二天到茂名的车票,在车站候车室等候上车。车站没有灯,我穿着毛衣棉衣和绒裤躺在长椅上,觉得天越来越冷,翻来覆去睡不着,长夜难熬啊。

　　1969年1月3日早晨,我登上湛江至柳州的火车,落座不久,对面座位来了两个十三四岁的少年。我问他们是不是本地人,到哪里去。其中一少年反问我是哪里人,我不假思索地答道:我是天津人。那孩子立即说我骗人,说我是广东省普宁县人。本以为自己的普通话和装扮已经完全北方化,说是天津人不会被怀疑,没想到那少年能准确无误地说出我的家乡,真是不简单,也说明我的乡音未改。我十分佩服他对语言的辨别能力。火车到河唇站已经是上午十点多钟,约五十公里路程走了两个多小时,从河唇到茂名还有八十多公里,中午十二点我乘上了往茂名的混合列车。

　　那时候茂名的经济很不发达,来往河唇—茂名的旅客不多,每天对开两列车,每列车有十几节油罐车再加挂三节客车车厢,称为混合列车。混合列车很不平稳,时快时慢,有时又急停,激烈摇晃,乘坐很不舒服。这时候,有一个又高又瘦的男列车员过来教大家跳"忠"字舞。边唱边跳,随着车的晃动而前合后仰。火车下午约两点钟抵茂名站,检查员让我打电话请单位拿证明书来才能离开。我打电话到茂名石油公司,找到先来报到的黄成岗同学持着茂名石油公司的介绍信到车站接我。我们搬着行李乘公共汽车到茂名石油公司劳资科报到。虽然我丢失报到用的有关文件,但是公函已到单位并且并有同学做证明,所以报到时并没有碰到什么麻烦。办事员为我办理了必要的手续,告诉我被分配到矿山战团。对于工作单位我并不在乎,反正有份工作做,能领到工资就行,全国的"臭老九"都如此,我们又能如何呢? 在我办理手续时,又来了一位由武汉测绘学院分配来的学生梁荣标,他也是被分到矿山战团。中央文件规定大专毕业生须在 1968 年底以前报到,但是我们却在 1969年 1 月 3 日到达,劳资员因此不给我们两人发工资。经我们三人理论后,他才答应向石油工业部请示。既然如此,我们只能先到露天矿去报到。当时天下着雨,我们三人没有任何遮雨工具,只能扛着行李走到大路旁等候公共汽车,淋得像落汤鸡一样,狼狈不堪。露天矿劳资科的办事员对我们十分关心,得知茂名石油公司劳资科不给我们发工资时,很是同情,立即给我们两人发了工资。我们和其他先报到的学生一样暂时住在露天矿办公大楼的几间大办公室里,每间办公室住十几个人。单位发给每人两块铺板和两条长凳,因我们晚到,铺板已分发完了。正在着急的时候,铁道连的临时负责人梁信超赶来了,他冒着雨到福利科仓库帮我们搬来床板和长凳,总算给我们解决了睡觉的问题。事情不大,但他那份情使我们感到很温暖。

第二天,矿里组织我们学习矿山建设的重要性,学习安全规章制度,又组织我们到炼油厂参观炼油装置。矿山战团铁道连正式成立,连长是从东北来的老共产党员干部,指导员就是梁信超。我们连队有大、中专毕业生近九十人,有从其他单位"清理"来的"有问题"干部、工人及民工约一百人,还有一些老铁道工人,共二百多人。全连分成六个排,每个排 30～40 人。前三个排是基建排,任务是铺设铁道,因此,多是一些健康状况较好的男工。后三个排是维修排,任务是对修好的铁路进行维修保养,工作较轻,因此,老弱病残和女工都被安排在后面三个排。我被安排在第二排,算是基建排,觉得很光荣。我们二排排长叫陈殿春,也是一位从东北来的老铁道工人,为人耿直正派。排里还有七八位大、中专毕业生,三位广东石油学校的老师,还有几个老工人和十几个民工。由于有了组织机构,我们便分到了宿舍。宿舍是一排排的平房,每排有八九间宿舍。每间宿舍住四个人,我和上海交通大学分配来的两人以及广东石油学校分配来的一人合住一间宿舍。

关于茂名石油工业公司的建设和发展必须从头说起。

1956年毛主席在党的某次会议上作报告,题目是《论十大关系》,其中谈到,广东茂名有油页岩,用油页岩炼油也是重工业。从那时候起,石油部就在茂名地区开展油页岩炼油的工作。

茂名市位于广东省西部,它是高州县、电白县和化州县交界处的一片丘陵地区。这个地区地下埋有几十米至上百米深的油页岩,油页岩层在最浅处已经露出地面,有好奇的农民把它点燃过。在一百多年前,外国人已探明茂名的油页岩,也提出开采的设想。由于受当时当地条件的限制,诸如地区经济不发达、文化教育落后、没有高等教育、缺乏高级技术人才、水资源缺乏、难于发展重工业,等等,油页岩一直没能得到开发利用。毛主席提出发展茂名的页岩油,确实是大手笔,它需要进行一系列的部署和建设。为此,国家在高州县修了高州水库,把分散于粤西与广西交界处广大丘陵地区的山泉水和雨水收集起来,供茂名石油工业使用。在高州县和化州县交界处划出一片地区成立隶属于湛江市的县级市——茂名市,可以调动这一地区的人力和物力,在茂名市建设当时广东省最大的热电厂,以供给茂名石油工业用电。1957年茂名石油工业上马时,除了从各地调集来的各类人才外,还请了苏联专家来指导。当时茂名石油工业的规划是12部干馏炉,年产页岩油120万吨,这是何等雄伟的项目啊。1958年这项宏伟的项目轰轰烈烈上马,大搞会战。到了1959年,由于遇到三年的自然灾害,加上苏联与中国关系恶化后撤走了援建专家,同时国家又在大庆搞会战,茂名项目搞不到一半就止步不前了。虽然建成了两部炉并投产,但是缺陷很多,技术落后,产油率达不到设计水平,两部炉每年只产页岩油几万吨。虽然有了这些原油,但是南方地区没有炼油厂来炼制这些原油。因此,茂名石油工业公司还配套建设一座年处理能力60万吨的蒸馏装置。到1967年,中苏关系进一步恶化,中国更感到石油的重要性,于是又把增产茂名页岩油的事提到议事日程。此后,茂名石油工业公司又开始续建两部炉,为了与其配套,还必须扩大油页岩的开采规模。茂名石油工业公司又为此成立了会战指挥部。指挥部下设两个战团,一个是油厂战团,专门建设第三、四部炉,1968 年分配来的石油专业的毕业生都到油厂战团。第二个是矿山战团,以修电气铁路、建设新排土场为主要任务。除炼油专业毕业的学生外,其他专业毕业的学生,如北京大学、清华大学、南开大学和广东石油学校毕业的几十人就被分到矿山战团。

机构人员安排完毕,我们领到了劳保用品:劳动鞋,水靴、质量极差的工作服、毛巾、手套、藤编安全帽和草编太阳帽等。没有什么安全教育,没有什么知识讲座,没有训练,就这样下午全连人员一起铺设电缆。一百多人拉一条 80 毫米直径、几百米长的电缆往前走,大家走得东倒西歪的,真不容易。

我们开始正式上工后,早上七点半从驻地扛着铁铲、铁撬棍、大锤、起道机、扁担和粪箕等工具出发,每人负重足有二三十斤,甚至更重,走七八里远的路到工地。修铁路的活,一是挑石子铺路基,二是抬枕木,三是抬铁轨铺路。挑石子铺路基,每担石子都是近百斤,开始几担还可以承受得了,慢慢地就上气不接下气,累了,腿软了,肩膀红肿了,但就是不能歇下来。抬东北松做的枕木,一根大约 120～150 斤重,长长方方,涂满防腐沥青油的枕木既黏手又臭。那些农民工一个人就能扛一根,我们学生不行。有一次战团一位老工人出身的副团长来指导工作,看见我一人扛枕木时,前边扛起来,后边落地,后边扛起来,前边又着地,样子很是狼狈。他走过来,两手夹了两根枕木还快步走,我自叹不如。碰到抬水泥枕时,情况就更艰难。水泥枕一根有五百多斤重,四人抬,平均一人负重一百多斤。正确的抬法是,两人肩膀顶肩膀,脚往外呈八字形,这样抬起来稳当。抬铁轨情况就好多了,一根十几米长的铁轨,重一千多斤,二十人抬,对手两人都是肩顶肩,稳稳当当的,不会出问题。

茂名的夏天本来就很热,又是在露天干活,脚底下是灰黑色的页岩渣,吸收太阳射线,到中午页岩渣的温度达到摄氏 50～60 度,烤得脚和小腿很疼。

每天都是全身汗水湿透了衣服,湿衣服被体温烘干了,又湿透,反复数次。到傍晚下班,才拖着沉重的身体回驻地。有时候因为火车掉轨,半夜三更也要赶去抢修,一直干到天亮。我一直用苏联英雄保尔·柯察金的精神激励自己,咬着牙坚持,决不倒下。那时我的身高172厘米,体重才102斤,腰都弯了。由于体力透支,身体本能地要求增加营养,饭量大增,每天都是两斤多米的饭量。虽然我们的粮食定量是每月48斤,但我还是不够吃,絮吟寄粮票给我,帮我渡过难关。

我们既是修路的队伍,同时又是抢险救灾的主力军。有时矿坑里电镐的电缆断了,或者火车掉轨等,我们就要连夜出动去抢修,风雨无阻,还真有一点铁道兵军事化的样子。

转眼春节到了,我只拿到一个月的工资,除去伙食费和零用钱已所剩无几。我寄了二十元给父母亲过节,钱虽不多,但表达了我的一片心意。我在信件中给絮吟寄去了两颗糖果,礼物太轻了!她非常理解我,写回信说我心里只要有她,她也就满足了。这就是我在茂名过的第一个春节,比学校差多了,十分惆怅。

当时,不论是干部还是工人,工作都非常努力,大家的愿望是通过努力能够改变眼前茂名石油工业公司的落后状况。作为大学毕业生并且在学校就做过文秘工作的我,更有责任把大家的工作热情和在极端困难的情况下做出的不俗成绩报道出来。在工作中我认真地观察周围的人和事,对大家(特别是基层员工)如何战胜困难的事迹及时做了报道。

1969年夏天的一次暴雨冲垮了我们刚刚修好的铁路支线,为了救灾,雨刚停,指导员梁信超就带领我们冒着齐腰深的洪水中搬石头,安涵洞,砌路基,抢通新修的支线。我连夜写出稿子送到露天矿广播站,第二天一早我写的稿子就在全矿广播,收到很好的效果。我还为两位老工人撰写先进事迹,后来其中一人代表广东省到北京参加1969年国庆节游行观礼,另一人也当上了茂名石油工业公司的劳动模范。由于我写的稿子质量比较高,被选进了茂名石油工业公司的秘书班子。在秘书班子里,一天到晚写东西倒不要紧,我最不愿意的是说假话空话,我的愿望是做回我的本专业,到茂名石油公司研究室做油品研究开发,所以晚上我就抓紧时间看业务书籍。那时候宿舍没有桌、凳,只能钉个小板凳,以铺板为书桌来看书。头顶是15瓦的昏暗灯光,天气很热,流着大汗,穿着裤衩,蚊子到处乱飞,时不时叮我一口。因此,只能一手拿着扇子,边赶蚊子边看书。同宿舍一位同事总是对我说:林南通,看书有什么用? 还不是抬铁轨,抢大锤! 你看我,下班就去打球,还有夜餐吃。我心想,我是不如你潇洒,但是如果我日后不做出成绩来,枉费我读了这么多年的书。只要我有知识,就不怕将来用不着。我不受干扰,仍继续坚持学习,学完了大学的物理化学、炼油工艺学,又复习大学英语等科目。

我们在野外开山筑路,从早上八点钟起就头顶骄阳。到了下午更甚,烈日暴晒,脚下是灰黑色页岩渣反射的热浪,连同那难闻的臭气,身上更是汗流如注,不时有人中暑或病倒。我采用老家务农的土办法,每天到工地后便短打扮,任由太阳晒和汗流浃背。一到午饭后休息时,我立即用毛巾抹去汗,穿上干爽的衣服,好好休息一下。这样,我的身体一直健康,虽然浑身上下晒得黝黑发亮,但体重增加到106斤,这是我有生以来最重的体重,也是我身体的最佳状态。这些经历使我更理解辩证法的道理:有所失必有所得,反之亦然。劳动锻炼使我们吃了一些苦,浪费一些时间,但是锻炼了身体,今后能更好地工作,可能还是好事呢。由于想得开,干活也努力,各方面表现出色,我渐渐地受到领导赏识,他们经常让我到各连了解情况,写经验总结,这又是另一方面的实践,对于后来我走上领导岗位很有帮助。

有一件事情在此值得一提:入职半年后,公司劳资科通知我和梁荣标去补领第一个月的工资。我们两人领了工资后立即送到露天矿劳资科。露天矿劳资科的人丈二和尚摸不着头脑,搞不清我们为什么要退还工资。经我们仔细解释,他们总算明白过来,说难得有像你们这样诚实的人,他们把钱收下,我们也安心了。

由于工作需要,在当年11月底,从我们铁道连抽调十人到茂名石油公司研究室工作,我是其中之一。当时研究室只有四五十人,除了办公室工作人员外,余下的人分成氧化铝组、流化干馏组和分析组。研究室在我们新伙伴到来的当天晚上开欢迎会。会上,研究室领导将我们新到的成员向大家做了介绍。我代表新同志发言,表示一定要老老实实接受再教育,好好学习,努力工作,为国争光。大家对我的发言反应很好,认为年轻人有朝气,是可用之才。

我和其他四人被分配到氧化铝实验组,然后又被细分到各个岗位,班长带我们熟悉工艺流程和工作环境。我的工作是溶出岗位:用稀硫酸溶解页岩灰渣得到硫酸铝和硫酸铁的混合溶液,加入氨水中和到弱酸性,沉淀除去氢氧化铁,加热蒸发除去大量水分,生成铝氨矾水合结晶体析出。晶体经过离心过滤除去母液后,分装成每袋二十多公斤,由人工从二楼扛到五楼。铝明矾晶体重新用稀硫胶酸溶解,再结晶精制除去夹带的铁化合物,得到较纯净的铝明矾,交给下个工序高温分解为成品氧化铝。班长交代完毕,我们就和大家一起干起来。中午的时候班长告诉我们说,晚上上零点班,下午就不必来上班了。

吃过午饭,我们回宿舍查看有关铝、铁等元素的资料。晚饭后,我向其他房间的工友借了个闹钟,拨好时间,便早早上床睡觉。这是我有生以来第一次摆弄闹钟,我只知道把闹钟的指针拨到晚上十一点,但不知道还需上发条,结果,闹钟没响。我一觉睡到凌晨一点多钟醒过来,一看闹钟把我吓一跳,赶紧穿戴完毕,一路小跑赶到工地上班。到工地已经两点多钟了,班长很不高兴地叫我去扛水明矾。我自认倒霉,默默地从二楼扛 20 多公斤的重物上 20 多米高的五楼。虽然是冬天的凌晨,但是我穿着单衣还汗流浃背。因为迟到,班长对我有意见,我知趣地老老实实不停地干活。到五点多钟时,又饿又累,我实在干不动了,腿一软连人带水明矾一起瘫坐到地板上,我已站不起来了。好不容易挨到 7 点多钟,交完班我拖着疲惫不堪的身体回到宿舍整整睡了一天。

晚上还是零点班,我这回不相信闹钟也不敢睡觉。吃完晚饭稍事休息后,我便到了工地,时间才九点多钟。领导正好在现场办公,他想出一个"好主意"，并要我们在现场讨论落实他的想法，还要求我们三个人立即干起来。我们根据领导的意图讨论了方案就分头准备实验仪器，安装，调试，开始实验，一直干到第二天晚上九点多钟才告一段落。这时，我已经是近两天没有休息了，又困又乏，眼睛几乎睁不开。我在黑暗中从田间小路摸回露天矿宿舍的路上，一会被土块绊个趔趄，一会儿一脚踩空踏进了水田里，好不容易回到宿舍，洗把脸，倒到床上就呼呼大睡。

在装置上没干几天，领导又把我调到分析组上班。分析组同样是力量薄弱，一位 1960 年中山大学毕业的老技术员热心于搞运功而对技术不太懂，还有几位老工人，他们很不容易地白手起家建立了一套分析方法。我到分析组后，立即熟悉情况，从原材料、中间产物、制成品的要求、杂质的定性和定量检测方法都一一摸清楚，然后我查阅有关资料，找到相应的分析方法，又进一步研究分析方法的影响因素，用了不到半个月的时间，我熟练地掌握了十几项分析方法，使全组人刮目相看，遂成为组里的骨干力量。当然，也有人看不起我，认为我是只有理论而无实际经验的一介书生而已。有一次由我带班，其中有一位老师傅，据传他的技术水平在研究室里是最高的，他做的分析结果最准确，他能做的分析项目别人不一定能做，他做不了的分析项目别人一定做不了。我检查他的分析结果，他很不服气。我好言请他复查结果，当着众人的面他没好气地把我顶回来："我的分析结果从来不用复查，要查你自己去查。"言语如此生硬，要是换另一个人肯定会顶起来。可我并没有发火，待我做完试验，我拿过他的记录本又从头核查一遍，确实是他出了大错。我不敢马虎，又查了第三遍，再次确定他的计算结果错误无疑。我心平气和地把他找来，指出他的错误和错误产生的原因，他脸色开始一阵红一阵白，嘴巴嗫嚅了一下就不吭声了。他将全部结果核对了一遍，然后改正过来，这次他真服气了，明白新来的大学生是有料的。后来，我把整套分析方法整理汇编成册作为研究室的标准。

二 成家

    1970 年 12 月 23 日,我终于等到了絮吟从柳州发来的电报,告知她将乘坐柳州到湛江市的火车,于次日抵茂名。24 日是星期天,吃过早饭,收拾了宿舍后,我搭乘公共汽车到火车站接她。十一点多钟,她走出火车站,我接过她手里的行李,悄悄问候了一声,就一起搭车回市区宿舍。因为已过了午饭时间,我们只能在市中心的北方饭店吃一点东西。本来两人准备下午到街道办事处登记结婚,但是星期天街道办事处休息,不能办理。晚饭我在职工饭堂买饭回宿舍两人一起吃,絮吟觉得饭菜不错,这下我就放心了。她要是不习惯,那以后就麻烦了。第二天我们一早就去登记结婚。没有举行婚礼,晚饭后单位的同事到宿舍来祝贺。他们有的带来一枚毛主席像章,有的带来一本《毛主席语录》,算是贺礼。我请他们吃糖果,也敬烟,没有茶,只有白开水。从这一天开始,我们两人住在一起,算是正式成家,开始了新的生活。

    12 月 28 日,我带着絮吟坐汽车回老家看望父母亲和其他亲人。因为当时茂名开往广州的公共汽车每天只有一班,而往返茂名—广州的人很多,所以要提前几天买车票,并且早早要到车站售票处排队。好在一位同事的太太在车站当售票员,托她买票没有问题。凌晨三点钟,我们起床,收拾完毕就赶往汽车站。四点半钟汽车开始行驶时天还没有亮。车子晃晃悠悠、慢慢吞吞地前行,早上六点多钟,才走了 30 多公里。到了电白县的一个小镇——电城,司机停下来吃早餐。又走了五个小时,行程不到 200 公里,司机换班,我们乘客也在那里吃午饭。车子继续前行,经过开平县,已经是下午三点多钟,汽车抛锚,修了一个多钟头,到开平县的水口镇时,已经是下午五点多钟,司机又停下来吃晚饭。下面还有 120 多公里的路要走，并且要过两次轮渡，可是司机就是不紧不慢地开着车。到广州车站时，已经是晚上八点多钟，街上灯火通明。下了车，出了汽车站，赶忙到车站旅馆登记处登记住宿。因为我们持有茂名石化公司的介绍信，得到了特别优待，服务员安排我们住南方大厦旅馆。我们再坐公共汽车到南方大厦旅馆，又是登记，安排住房毕，已经是晚上十一点多钟。好在广州市的餐饮业是通宵营业，我们到外面小店吃一点东西就回来安排休息。

回到房间才发现那张床旧得不能再旧了，起码比我的年纪大一倍以上。席梦思的垫层已经被弹簧磨坏，弹簧拱起，床面凹凸不平，很硌身体，根本无法睡觉。虽然早上三点多钟起床，到晚上十一点钟我们已经很困很困了，但还是无法入睡。第二天一大早我到服务台要求换房，被告知客房已满，无法调换。我们考虑到第三天一早还要赶到省汽车站坐广州开往流沙的汽车，因此，索性搬到车站前面的红棉大酒店去住。到红棉大酒店登记，条件更糟糕，且要晚上十点钟后才能入住，我可以住到四个人一间的房间，可是絮吟就只能睡在过道的临时散铺。不管是住房间还是住过道，都是闹哄哄的，到下半夜还不能安静下来。刚刚迷糊一会，服务员就来叫起床。我们又是三点钟起床，四点钟上车。车开到博罗已经九点多钟，我们这才吃了一个晚早餐。下午五点多钟到普宁县县城—流沙镇，这时候已经没有车到洪阳镇了，我们只能在县城住了下来。我们住到普宁县华侨旅社，有一间单独的房间给我们，但是床上没有褥子，只有一张草席，天气较冷，睡在硬板床上觉得凉飕飕的，久久不能入睡。第二天一早，草草吃了早饭就赶往汽车站，搭车到洪阳镇，20公里的路程，走了两个多小时，到洪阳镇时已经是上午十一点多钟。我们到洪阳公社广播站找了大伯女桂珍，她带我们去雇了两辆自行车送我们回到老家—水吼村，车费是每辆三角钱。

从茂名出发到老家路程总共 800 多公里，我们整整走了四十多个小时。

我们回到老家，父母亲和其余家人当然都十分高兴，免不了请请客，串串门。我们到五福屿村拜访了德金兄家，他已经复员回老家，正在公社当汽车司机教练,几位姐妹都已经出阁,家里稍为冷清,但家境不错。叔父叔母看到我已成亲,又念旧情去看望他们,真是喜出望外,十分热情地招待我们。

我的外祖母还健在,我们必须去看望她老人家。我们在小舅家吃午饭。我有四位舅舅,二舅因身体问题没有成家,大舅二舅已经过世。大舅的后代和另两位舅舅经过十几年的奋斗,家境都有很大改善,都在建造新房子。一提到生活,他们都说"穷"。饭后我提出去看看外祖母的住处,他们说老人的房间脏,怕我和絮吟不习惯。在母亲的带领下我们到了外祖母的住房,只见房内只有一张破床和一条旧长凳,除此之外,别无长物,床上只有一床几乎没有棉絮的灰黑的破"被子"。看到此,我掉泪了,只是没有哭出来。老人家已经九十岁出头,子女生活都不错,自己却落到这样的下场,我心疼!我问母亲,我家为什么不给老人一些照顾。母亲告诉我说,我们家里也拿了不少东西和钱给老人,但是最终都被他们那些年轻(指舅舅或表兄弟)的晚辈拿走了。我当即让母亲拿一些棉花票和布票,我出钱让二姐夫去买一床被子送给外祖母,立即办。我走后没多久,姐夫帮我办了这件事,我心稍安。两三个月后外祖母就去世了,那些舅舅、舅母和表弟们倒怪起我来,说外祖母是因为我送被子才过世的。真是可气!

外祖母走了以后,我们家与舅舅他们的往来越来越少,到父母亲走后,几乎到了没有往来的地步。1991~1992年我和大哥还去看过小舅两次,送了一点钱给他老人家。他的特点就是一辈子叫穷和苦,实际他家不断建新房子,一个没有文化又是穷惯了的农村老农民大多是这样的性格。

在家里待了十几天,我们的住房虽然窄小,但挺干净。考虑絮吟是北方城市人,不习惯广东人长年睡席子,家人用一床毛巾被铺在席子上权当褥子。在家的日子是愉快的,考虑到春节后返城的人多,到广州的车票难买,因此,我早早地请桂珍买了正月初三的返程车票。初二那天下午,父亲和我做了一次长谈,父亲要我们早些生孩子,我说两人一南一北分开,有了孩子不好照顾,暂时还不能要孩子,父亲也没有再说什么。我拿出十元钱给他零用,他推辞了,他知道我们不富裕,还劝我说:身边儿不如身边钱,离家这么远,身边总需一点宽裕的钱,遇事好处理,以后有钱寄一点给他零用即可。我接受了他的意见。那时候,农村确实穷,没有什么拿得出手的东西,我们最后带上家乡特产芋头、潮州柑返回广州。

由于回家时的教训,故提早到广州,在服务站排到了一间小旅馆。旅馆虽小,但是住宿、进出等条件比来时住的那宾馆方便多了,离广州火车站也近。我们到老乡那里取了第二天絮吟回武汉的火车票,又请他帮买了回茂名的汽车票。第二天下午五点多钟,送絮吟登上广州开往武汉的列车,次日我也返回茂名。到茂名时,我身上仅剩下三角钱,够吃一顿晚饭,计划得真够准确的。

三 磨炼

　　"氧化铝会战"已经持续三年多时间。由于油页岩灰渣中氧化铝的含量不是特别高,而有害杂质——氧化铁的含量较高,它们又是伴生物,要在这样复杂的条件下提取出能作为电解原料的高品位氧化铝,在当时的条件下是不可能的。为了掩盖领导决策的错误,研究室领导把全部责任都推给了当时的技术负责人,并对他们进行批判。"批判会"除了人身攻击、谩骂外,还把所有的过失全部推给了该技术负责人(实际就是推脱自己的责任),他们觉得我也是只搞技术不问政治的人,看在是青年人就没再追问下去。此后,我不再是研究室的骨干分子,过上了默默无闻的分析工的日子。

　　当工人的日子我同样过得很充实,我利用空闲时间总结几年来的工作心得,看一些炼油方面的资料。春耕时候,我不怕苦,到农村支援农民插秧,主要是体验他们的生活。夏天,当时上级要求企业组织员工到农村"拉练",就是茂名石油公司集中几百名员工组成一个民兵连徒步到附近农村,和农民同吃、同住、同劳动,培养感情,以备打仗时候可以到农村发动农民群众参加战争。茂名市在当时是一个工业城市,市区居民生活并不算太差,可是走到十几公里远的郊区,农民们的生活就差多了。村民们住在破旧的泥房里,几乎没有什么家具。每天五点多钟没吃早餐就下地干活了,一直干到八点钟才回家吃早饭。早饭是米汤、番薯和一点咸菜。九点来钟,我们又下地干活,这段时间的农活是最累的,一直干到中午才歇晌回住户家吃午饭。午饭是做早饭时捞出来的干饭,盛在钵子里,不再加热。菜是村民自己种的一点青菜,没有什么油水。吃肉要凭肉票,并且要到赶集时才可以买到。一般是五天一个集,也就是说,五天才能吃到一次肉,为了增加一点油水,大家都买肥猪肉吃。

茂名地区中午的太阳特别毒,烤得人透不过气来。村民们吃过午饭可以休息到三点钟才下地干活。夏天一般是拔花生或插秧,拔花生要轻松一些,插秧很辛苦,田里的水热得烫脚,弯着腰,火热的太阳烤得背发疼,长时间的弯腰叉腿,累得腰腿都麻木了。有的农民顶不住辛苦,干脆跑到地头抽烟。有人抽烟,其他人就跟着抽,烟民们围成了一个圈子,他们一般是一组人干活,带一条用竹子做的烟筒(茂名俗称大绿竹),想抽烟的人轮流抽,十几个人抽一圈下来,一般要个把小时,权当偷懒。但是,这"属正常现象"。可怜我们这些不抽烟的人,如果休息一会,就被指责为偷懒,只能咬着牙干到天黑收工。那时候,茂名地区的农村还没有普及电灯,只能在煤油灯下吃晚饭。饭后,两三人约在一起到附近的池塘或河沟洗澡。在一个多月的时间里,我们在每个村劳动两三天时间,一共去了十几个村,最后回到河东区茂名石化公司"油一小"开总结会。

事情就是这么凑巧。在"拉练"的时候没有雨,刚刚开始总结,天就下起了暴雨,雨下了一天一夜没有停过,茂名发起了大水。茂名市有一条小东江南北贯穿而过,把茂名市分割为河东、河西两个区。河东区地势较高,过了小东江,河西区的地势就低多了。早晨起来,雨势小了些,看到小东江周围白茫茫一片水,可把自己吓坏了。我知道我们住的一楼宿舍一定被水淹了。早餐过后,雨稍停,我约了同住在河西平房的同事请了两个小时的假赶回宿舍。下了河东斜坡就见不到路,只能以路两旁的大树为参照物,慢慢前行。水没过了小腿,一会就到肚脐,又到胸口,水流很急,我有点心慌。我的同事大声叫:"别慌,抱住树!"我伸手抱住路旁的树,定了神。同事走过来,我们两人手拉着手,脚不离地面地向前挪动着向永久桥前进。小东江的永久桥桥面高,没被水淹,过了桥,河西虽然地势也低,但是面积广大,水退得快。路面的水位只有膝盖深,水流也不急,我们很快就到了林荫路宿舍。林荫路宿舍的位置又相对高一些,宿舍外的路面还有一点洪水,进到走廊水已经退完了,可是我房间的门是虚掩的,进门一看,我傻眼了:洪水刚好淹到床板底下,有好心人在发洪水后撬开我的门锁,把我在地下的一纸箱书和一双新皮鞋搁到了床板上(其他别无长物)。纸箱是湿的,打开箱子一看,书也是湿的。这些书都是大学时的教科书,里面的知识非常丰富全面,特别是苏联早期涅克拉索夫编的《无机化学教程》,可以说是知识宝库,我赶快把书晾摊在铺板上。皮鞋是结婚时絮吟从武汉买的"喜喜牌",是当时武汉最好的皮鞋,结婚时才穿了几天,后来就舍不得穿了。把这些东西摊开起来晾,希望还能恢复它的用途。我用清水洗了房间又修好门锁,匆匆赶回河东茂名油一小报到销假。这时候小东江的洪水已经退了很多,路面只有没到膝盖深的水,已经没有危险了。

晚饭后,拉链队接到紧急通知:因为洪水淹了茂名市高山桥头六百户(地名)的粮库,粮食被水浸泡,要我们第二天到粮库帮助抢运粮食。第二天一早,我们排着队赶到粮库。只见十几座几百立方米的大库房里面满满都是稻谷和麦子,从墙上洪水留下的印记看,洪水大概有一米左右深。我们到库房门口,立即感到闷热的霉气味往外冲,觉得很难受。我们的任务是把库房里上部没有淹到水的粮食搬到卡车上,运到其他没有浸水的干净仓库。我们都知道粮食对一个城市的重要性,不必多说,有的人把粮食装进箩筐,有的人抬上汽车,大家都很努力,没有人偷懒。渴了跑去喝两口凉开水,又接着干。稻谷经水一泡,立即发胀、发热,也发霉、发芽。粮仓又不通风,因此,在粮库里感到又热又闷又有浓烈的霉气味,使人透不过气来。当时,刚干一点活,浑身就已经被汗水湿透了。在这里干活既是受罪,也是磨炼。从早上开始干活,中午没有休息,下午接着干,晚饭后一直到晚上九点多钟才收工。我觉得头昏脑涨,浑身没力,走路摇摇晃晃,我病了。同事送我到保健站看医生,量体温是 $40.5℃$,医生给我打了退烧针。我在宿舍整整躺了两天,才得以恢复。

这次参加"拉练",我吃了一些苦头,也得到了锻炼,了解到了茂名市的社会情况,很有收获,所以一点儿也不后悔。

四 双子星降临

我和絮吟都希望我们的第一个孩子是男孩。因此,我们根据一些民间的经验,决定我九月下旬动身去湖北。我看了一些书,知道要怀孩子男女双方都必须身体好。我向年纪较大的工友请教如何补身体,他们说黄芪、党参炖仔鸡效果最好。我照着做了两次,效果如何我并不清楚,但是药材炖鸡汤的味道确实好。

九月三日,我带上白糖、花生油和糖果等一些能"讨好"岳父母大人的东西从茂名出发。经河唇、柳州转两次车,第三天中午才抵汉口车站。我提着行李下车,没有多找,就看到絮吟和方勋哥在站台上等我了。他们赶过来帮我提行李,又介绍方勋哥的女朋友杨素秋给我认识。我们一起在车站附近的餐馆吃饭后,就到为我们预备的住处休息。

因为小姨子秋吟不能请假,中午未能一同来接我,她晚上赶来看我们,同时商量到京山去的事宜。第二天一早,我们三人坐公共汽车到京山县去看望岳父母。京山县距离武汉市两百多公里,汽车开了六七个小时,下午三点多钟才到达岳父母在京山下乡的村子附近的路口。絮吟远远就看见小弟方铭在路旁等着,就让司机赶快停车。大件的东西摞成一担由方铭挑着,我和絮吟、秋吟分别提一些小东西。有时我也帮小弟挑一段路,很快我们就到了村边,岳父母已在村口等候多时了,他们拉着我们的手回他们当时的"新家"。

岳父母的新家是泥砖砌成的旧得发黑的小四合院,因为岳父母他们下放到这里,向村民借了其中的一间房暂时为家。屋子是两老的住房,方铭则与村里的男孩子合住。我们到来后,岳父母就腾出屋子给我们住,他们到其他村民家去搭住。当时的条件虽然简单,但大家都如此,谁也没有怨言。

按照当地习惯,要用甜面条和荷包蛋招待新姑爷。岳父母忙着张罗做点心招待我们,我悄悄告诉絮吟我不喜欢吃甜食,他们就赶紧照我的口味做。可能是絮吟告诉岳父母说我们准备要孩子的事,也可能是由于好久以来没有这么多亲人团聚过,岳父母特别高兴,他们尽其所能地买了很多新鲜青菜和鱼、肉做给我们吃,我们很愉快地在那里过了几天。

过完国庆节,絮吟和秋吟必须回单位上班,我们依然要很早起来做好准备,赶到前几天下车的地方去等汽车。汽车是到武汉的,我和絮吟在半途和秋吟道别下车,赶上武汉开往襄樊的列车到随县转车。从随县到英店没有火车,汽车也是一天一个班次,早上五点多钟从随县开出,九点多钟到英店。第二天一早我们就赶往汽车站搭车,车站一片漆黑,人也不多,凌晨颇有凉意。我们攀上了一辆有篷的解放牌卡车,车厢两旁各有一块木板,用活页钉在车厢板上当凳子坐。我们上车晚,已经没位子了,只能把行李摆靠在车厢前方,坐在自己的行李上。汽车开动后,我们随着汽车在路上摇摇摆摆,迷迷糊糊,昏昏沉沉,睡了一会醒过来,可是又看不到外面的世界,只能又接着迷糊,好不容易熬到了英店,腰酸腿麻,确实辛苦。

英店镇坐落在湖北省的北部,与河南省接壤,随县至河南省信阳市的公路经过这里。这里多山,镇子就在山坡上,而卫生院在镇子的最高处,出了院墙就是山坡了。卫生院有三十多名职工,有一栋工作室和一栋宿舍,都是平房。宿舍是一座尖顶结构的大屋子,屋顶盖着瓦片,下面是苇席当天花板,大厅还是用苇席隔成南北两排房间。根据各人的职位和人口的多少分房,最好的是南边东头的房间,职位最高的院长住三间房。絮吟刚分配到这里,又是单身职工,当然是住北边一间小房子。

房子小不是问题,可房里的条件太差了。地板是泥地且高低不平,不能用水冲洗,只能扫扫地。窗户离地面不足一人高,只有几根手指头粗的木条挡一挡,窗户玻璃破裂且不能关紧,冬季的寒风和雨雪随便灌进来。房与房之间的隔墙是苇席做成,很不隔音。在房间说话,甚至睡觉翻身发出的床板响声或在便盆拉尿的声音隔壁都能听清楚,很不方便。考虑到絮吟一人住在这房里不安全,我立即着手加固窗户,加了很多粗铁丝。为了冬天取暖,我到砖窑取来好泥做了个炭炉。因为没事做,觉得无聊,我就学做饭,到集上买青菜和肉,有时买一些鱼虾之类的东西回来。东西都是好东西,并且没有被污染,由于我是初学做饭,调味及烧制方法均不熟练,常常不对絮吟口味,再加上她正在怀孕反应期,所以对我做的饭菜颇有意见,我只能认了。大概在英店住了一个多星期,我已经超假了,不能等到确认絮吟怀孕的检查报告出来,我便怀着忐忑的心情返回茂名。

我回到茂名不久,絮吟写信告知她确实怀孕了。我们非常高兴热切地等待着小天使的到来!

我还是从事那平淡无味的氧化铝分析工作,仍然十分努力,经常加班加点,为的是到絮吟坐月子的时候我可以多请几天假照顾她。我和絮吟的通信更加频繁,互相通报好消息,互相安慰,排解苦闷,每星期最少一封信往来。我也向老大姐们了解学习有关妇女坐月子要如何照顾的常识。我写信让孙克强同学寄来东北的野生蘑菇,请张仲录同志的太太代买一些海产品晒干寄到英店给絮吟食用。可惜这些食品在那时絮吟是根本无法享用的,因为她没有做饭的条件,也不会做饭。当时我们朋友三人,我、房广信、张仲录的太太都先后怀孕了,他们都和太太在茂名,在一起能够彼此互相照顾,情况较好。唯独絮吟一人远在湖北山区,生活条件又不好。我的岳父母还在工作,不能前往照顾。我家里人不会讲普通话,前往照顾也是极不方便。因此絮吟只能孤身奋战,既要工作又要克服因怀孕引起的不适,其艰难程度可想而知。

冬去春来,夏天即到,小天使一天天向我们靠近,我们紧急商量絮吟在哪里待产的问题。到京山去待产,岳父母可以很好地照顾她,但是医疗条件太差,一旦发生什么意外,后果不堪设想。到茂名来的话,因为我还算是单身汉,与别人合住一间房,又没有厨具和液化气,照顾絮吟坐月子也难,况且从英店到茂名长途奔波劳苦也容易出问题,此为下策。最后我们决定到武汉待产,因为武汉的医疗条件好,虽然岳父母去了京山,但还是有许多朋友可以帮忙。同时秋吟还有一间房子可住，这也是一个重要条件。这么决定后，絮吟于六月中旬到达武汉。

我于6月21日收到武汉发来的电报，告知6月20日絮吟顺产，生了个男孩，并且岳母已来照顾絮吟母子，要我稍等一段时间再到武汉。我接到电报后非常高兴，一是如愿得了儿子，二是絮吟母子平安。我立即写信回老家给父母报喜，又开始更细致地准备需要带到武汉的东西。

给儿子起名是个问题。我父母给侄子们起的名字都是什么"川"，我们的儿子既要顺着老家的爱好又要有新意，我考虑几天，决定叫"海川"。我想，儿子的胸怀必须像大海一样开阔，志向远大；家庭要像大江一样长远，奔流不息永远向前。

7月初，我带着儿子的名字、生活必需品和钱坐上火车直奔武汉。方勋哥到火车站把我接到汉口武胜路一家日杂店，在日杂店的一边有一间较大的房子，那就是我们的居室。我到达的时候，岳母他们正在给海川洗澡。小家伙黑黑的头发，红红的皮肤，不时手脚乱动，一点没哭闹。洗完澡，穿上薄棉衣便睡着了。絮吟告诉我，毛毛是6月20日凌晨一点多钟出生于武汉市第一人民医院，同时出生的有12个小孩，只有他一个男孩子，因尚未起名字，便按湖北人的习惯叫毛毛。我告诉大家，我给毛毛起名叫海川，大家觉得这个名字平平但可以接受，也就通过了。吃过午饭，岳母对我做了简单的交代，她便和方勋哥回去了，我开始学做饭、洗尿布等工作。7月的武汉是很热很热的，特别我们住的房子是西向，到了下午更热，总觉得在被烧烤。这时小家伙哭个不停，喂奶也不吃，一摸他浑身上下已湿透。是啊，我们大人都觉得酷热难耐，何况是出生仅十几天的孩子呢。我们赶快给他换上了棉毛衣，还是不行，最后换上了绸衣他才安静地睡着了，可是屁股已经捂出了一个大包，经过医院打针，敷药，折腾了几天才痊愈。

整天买菜做饭洗尿布，但为了下一代我还是心甘情愿。当时的物质条件极差，别提屋里没有电风扇之类的东西，就连衬衣也是稀罕物，我的衣服是自己买的背心短裤，而外衣则是工作服。整天穿着那厚厚的工作服真是汗流如注,好在长时间苦惯了,倒不觉得怎么难受。为了使屋子不那么被太阳烤得厉害,我不断往晒太阳的墙上、地上洒水。我们轮流给海川扇风,为的是让他好睡觉。

有一天我正在天井里炒菜,锅中的油已经滚烫,正准备把菜下锅,突然从楼上掉下一块几斤重的泥团砸在锅边,吓得我出了一身冷汗。泥团显然是楼上小孩丢下来的,如果打在我头上肯定得脑震荡;如果打在热油锅里,热油溅上来,我的脸必然要被烫伤,多危险啊。

那时候最困难的是肉和鱼都要凭票供应。我们吃的鱼和肉就靠秋吟的一份票,好在有岳父母的老乡、朋友和秋吟的朋友接济,我们才渡过难关,絮吟母子才能平平安安。秋吟确实为我们家付出了巨大的心血,这份情我们永远不会忘记。

转眼到了7月中旬,海川已经满月,他们母子均健康,我打算把他们母子送回随县去。这样我可以在那里再陪一段时间,以便他们适应那里的生活,同时要为海川请保姆。没有保姆,絮吟要照顾小孩又要工作是忙不过来的。7月25日,我们一家三口起程乘火车去随县。我挑了一大挑东西,吃的、用的、海川的衣服、尿布一应俱全,还有一只大木盆。火车上既热又挤,海川哭个不停,絮吟只能把他抱在怀里不停地晃动。火车开动了,海川便安静地睡着了。就这样他睡一会醒一会,下午抵达随县县城。这次我们是大人小孩一起行动,所以我们住在一家靠近车站的旅馆里。

第二天我们到英店,家已经搬到南边一间大一点的房子。刚住下来,絮吟的同事就介绍一位同事的母亲田奶奶来帮带海川。老太太慈眉善目、身体健康、说话温和,又有带外甥的经验,所以我们就答应了。老太太侍弄海川十分用心,海川生活正常,我们也放心了。由于生活条件不好,絮吟奶水很少,根本不够海川吃饱,奶水不够就用奶粉调成奶糊或到饭堂取米汤喂他。

在医院的职工宿舍住了四五天,一天上午十点多钟,海川睡在床上突然大哭,我赶快把他抱起来,还没有走出两步,一块拳头大小的石头从屋顶掉了下来,正好落在刚才海川睡觉头部的地方。当时我的心一震,下意识地把海川紧紧地抱在怀里。要不是海川大哭,要不是我动作快,那块石头打在海川的头上,后果不堪设想。时间是这样的凑巧,我不知这是神灵或祖宗的呼唤,还是他本人的感应,总之,海川的命大,我相信这一点。这次石头纷飞是医院炸石建房引起的,我们向院方提出施工要注意安全,要事先通知大家注意防范意外事故的建议。

我用完探亲假和所有的代休假,陪伴了絮吟母子近一个月。八月初,我动身回茂名。

五 机遇

1971年下半年,茂名石化公司研究室调入了很多车间工人,他们多数文化水平低,不懂技术,搞氧化铝试验真是摸不着头脑,所以,领导提议开办化学课学习班。因为我是化学专业毕业生,理所当然地当上了这个化学班的老师。我利用一切时间备课,并且熟记在心里,我的备课本上只有课堂讲课提纲。用提纲讲课,而不拘泥于课本的条文,把知识性与趣味性结合起来,讲得生动,学员爱听。我控制授课时间在七成左右,留出时间给学员复习和提问。他们一般都能学懂和记住,我的课很受欢迎。于是我在茂名石化公司研究室慢慢小有名气。

有一天,露天矿水采试验冲出一些大拇指般大小、金光灿灿的东西,在场的人都以为发现了金矿,他们欣喜若狂,拿着这些东西到茂名石化公司革委会报喜,头头们要我们研究室组织人力突击把这些像金子的东西化验出来。样品交到我手里,我看了看,又用手掂了掂,心里已经明白,这是书本上说的"愚人金",但是我不敢说出口。所谓"愚人金"就是结晶硫化铁,我的脑子已经有了分析方案。配制了稀盐酸溶液,用一支吸管吸取稀盐酸滴到"金"块上,"金"块立即冒气泡,并散发出臭鸡蛋味。我还做了定量试验证明"金块"是结晶硫化铁无疑。这个分析结果中止了一场即将发生的大规模劳民伤财的"淘金热"。

还有一个有趣的故事。有一天,公司保卫干事拿着两三支拇指般大小、约三十厘米长的东西找我,说是在列车发电站的机车上发现的,可能是敌人放的燃烧弹,他要我证明那东西是不是燃烧弹。我仔细地观看且掂量掂量那

"玩意儿"，它是纸包的，比较密实，但是并不重。打开包装纸，取出一点放入试管中，该物质是灰白色粉末，大部分溶于水，有一些不溶于水的物质浮于水面，类似蜡和锯末的混合物，把粉末在电炉上灼烧，发出洋红色的火焰。我初步判定粉末状物质是锶盐，并立即做定性试验确证我的判断。然后根据电影里的信号弹、民间焰火的色彩和广西铁路交通情况，以及我在铁道连时学到的铁路交通知识，提出我的推论：送来的样品是红色信号弹，是为火车在行进中出事时发出警报信号，以便巡道工人报告有关部门前来救援。调查人员根据我这一判断进行调查，结果和我所说的一模一样。他们觉得简直神了，认为林南通确实有两下子。我的声名鹊起，后来又让我参与了两次破案。

在1973和1974年，我又参与破案工作。有一次，茂名石化公司第一蒸馏装置检修时发生爆炸事故，死了一个工人。上级追查爆炸到底是责任事故还是阶级敌人破坏？茂名石化公司安全处和保卫处争论非常激烈。茂名石化公司保卫处领导到研究室来找我，他拿出一包东西交给我，说："小林啊，你认真地化验这包东西，看有没有炸药成分，它关系到一些人的政治生命，你一定要实事求是。"经过反复的定性定量实验证明，样品确实是纯碳粉和铁锈粉末，不含炸药成分。这个化验结果避免了在茂名石化公司抓阶级敌人的残酷斗争，最后只是相关领导检讨检讨就过去了。

我先后帮茂名石化公司处理了一些类似的疑难问题，判断准确，逐渐在公司出了名，大家普遍认为我是一个"化学专家"。

后来，邓小平同志主持国家领导工作，一些技术不成熟的项目，如氧化铝试验，经过几年的攻关一事无成的项目下马，研究室领导也换了人，人们开始注重实际，研究室重新开始油品的研究试验。第一个项目是航空煤油脱臭，就是脱除航空煤油中有恶臭气味和腐蚀性的硫醇。油品组由一位老技术员负责，他们干了很长一段时间却毫无进展，主要原因是分析工作跟不上，无法测定油品中硫的各种状态及它们的量。因此认识到分析工作靠化验工是不够的，经常找我研究有关问题，请我提意见。我开始注重油品方面的技术问题并查阅相关资料，后来领导要求我专门配合油品组工作，这确实是一个极好的机会。

这是我第一次接触油品,我暗下决心,一定要利用这次试验机会把油品知识学到手。我查阅有关的中英文资料,把有用的中文资料立即摘录下来,重要的英文资料摘译成中文记下。我把环球油品公司(UOP)油品质量标准和分析方法全文译出来提供给试验组参考。因为航煤试验关系到国防问题,是公司的重点试验项目,所以只要是试验需要的材料或设备,领导都尽力满足。我很快备齐了分析仪器和药品,开始了硫化物的族组成分析。试验进展相当顺利,分析数据基本能指导试验工作的进行,我不断地根据分析结果提出对试验条件的改进意见,起到试验组眼睛的作用,试验组对我也很信任。实事求是地说,我当时建立的硫醇、硫醚、二硫化物和元素硫等定性定量试验方法在石化系统中是先进的。由于当时处特殊时期,技术无人管,技术交流更谈不上,到底我们的分析技术水平如何,还有没有更先进的分析方法,我心里也没底。1973年六七月,我提出到有类似试验的单位去学习交流的建议很快被采纳,但公司要求必须由老工人分析组组长王梅清大姐带队。带领我们到山东胜利炼油厂、抚顺石化研究所和湖北荆门炼油厂去学习交流。

因为这次是到外省出差,必须先到省政府办公厅办手续,开介绍信,然后才能买火车票。我们从广州乘火车北上,到郑州转车,抵郑州时已经是下午六点多钟了。我们转悠了一个多小时都找不到旅社,只能投宿浴室。住浴室一个晚上住宿费只收五毛钱,但是必须到十二点浴室停止营业后才能入住。我们登记住宿后到附近小店吃一碗面条即回浴室等候休息。进入浴室一看,我大呼上当,一个大屋里挨排摆着三四十把张供浴后休息的长椅子,上面铺着脏得发黑、黏乎乎的褥子。住客多是赶大车、力工和做小买卖的人。他们高声说话、抽烟,屋里弥漫着浓浓的烟雾,烟味、霉味和汗酸味混杂在一起,使人透不过气来。由于累和困,我和衣斜靠着在椅背合上了眼皮,一会儿我觉得脖子后痒痒的,好像有什么东西在爬动,起身一看,原来是几个虱子在枕头边爬!我再也睡不着了,心里很不是滋味。

从郑州经山东省济南市到辽宁省抚顺市又是两天两夜的路程,天亮到沈阳,转乘沈阳开往抚顺市的列车,上午十点多钟抵抚顺。

我们到石化部抚顺石化研究所、石油一厂、二厂和三厂参观交流,他们对于油品中硫化物的分析基本是空白,因此,只能建立联系的渠道,以后有机会再交流。

这次外出学习,学到具体的内容并不多,但是开阔了视野,肯定了自己探索石油科研的思路和方法,对以后在科研上的创新确实有很大帮助。

大约是九月中旬,燃化部发文件:在上海炼油厂搞航煤脱臭会战,茂名石油公司派两人参加。我主动找研究室领导蔡仁钦主任,要求前往参加上海会战。因为这是代表茂名石化公司参加会战,我和贺产鸿两人都认真做了准备。我们又重新阅读了我们所掌握的全部资料,将重要的资料摘抄在笔记本上。总之,我们两人下决心要做好工作,为茂名石化公司争光。这次航煤脱臭会战的组长单位是北京石科院,他们派李嘉存工程师来主持工作,副组长单位是上海炼油厂(简称上炼),他们派一名副总工程师担任副组长,还有几名工作人员:大连炼油厂、北京东方红炼油厂(简称北京东炼)各派一名技术员,另外就是我和贺产鸿两人。我们非常虔诚来上海参加会战和学习,但是在工作中却出现了极不正常的现象。语言上,小组里只有我和大连来的老张不懂上海话,但小组里的大多数人在工作中都讲上海话,组长带头讲上海话。这时候,我和老张就好像鸭子听雷,毫无反应。幸好贺产鸿小声给我们翻译,我们才懂得意思。感情上,李组长尊重上炼的人,他也很尊重北京东炼的人,而对于大连的老张、我及贺产鸿就很不客气了。不仅讨论试验方案背着我们,甚至关键性的试验也偷偷地做,不让我们三人知道。李组长只是要我们来当劳动力而已。真是岂有此理!我感到很憋屈。

开始时,我只是装聋作哑,不哼不哈,但是我认真观察一切试验现象并做好笔记,把各种现象和有关数据联系起来,与资料做比较。我弄通道理后便开始提问题,这些问题是关系到试验如何深入的关键,我并无恶意,李组长经常回答不了这些问题,在不丢他面子的情况下,我提出见解与他商量,希望把试验向前推进,同时也表明林南通并非等闲之辈。我的做法受到除李组长和北京那位技术员之外的所有人的称赞，他们都愿意和我讨论问题。我也经常把试验心得写信回茂名给茂名研究室试验组的同事们，希望他们也取得进展。

由于落实了政策，岳父母已经回到武汉医学院附属协和医院工作了。我在家里只住了一个晚上便到英店接絮吟母子。到了英店，我发现海川长大了很多，也更胖了，见我已经不再认生。第二天我们一家三口挑着一担年货乘火车回武汉，晚上十一点多才到汉西站。幸好还有公共汽车，我们乘公共汽车到武胜路站。武汉刚刚下过雪，地上还有十多厘米深的雪和水。我们都穿着棉衣棉裤棉鞋，鼓鼓囊囊的，行走很不方便。絮吟抱着海川，外面还包着一张斗篷，我挑着一担行李，没走几步，鞋就湿了，脚也起了泡。压在肩膀上的担子越来越重，走几步就停下来换一次肩，并且越走越慢。我喘着气，咬紧牙，一步一步往前挪。五里地大约走了一个多钟头，到家后真如同卸下千斤重担。

春节将至，且是我们全家第一次回武汉探亲，我们三人和秋吟一起上街采购年货。那时上街购物无非是买衣服、食品之类的东西，我们买了一串香蕉。这是海川第一次接触香蕉，这又甜又香的水果他太喜欢了。我们剥一根他吃一根，一共吃了六七根，快乐极了。回到家，我们又开始给吃橘子，他也来者不拒，一瓣接着一瓣地吃。因为前一天路上着凉，海川有点咳嗽，喂药片他不肯吃，我们就把药片塞在橘子里给他吃，开始他吃了两片，第三片他就把桔子吞下去把药片吐出来，真是不能骗他。

为了生活上多一点乐趣，我们决定买台半导体收音机。我和方勋哥到武汉商场反复比较后花五十多元钱买了台牡丹牌半导体收音机。这是我们家的第二件家电。在当时物质条件缺乏的情况下，中国家庭将自行车、收音机、缝纫机和手表统称四大件。我家的自行车是 1972 年买的，1974 年春节买收音机，以此类推，要买齐四大件，还要四年时间，不容易啊。

刚过完春节，我便把絮吟母子送回英店。回去还是一大挑行李，除了他们的衣服和吃的东西外，就是准备送礼的东西。因为茂名方面已基本同意接

1974年，林南通全家和蔡絮吟的父母兄弟合影

收絮吟到茂名石油公司工作，现在的重点是做英店卫生院和随县组织部的工作。那时候"送礼"简单，有两盒点心表达心意就可以了。

节后回到上海炼油厂重新开始试验，但是已提不出太多的新方法或思路，因此转入寿命试验。寿命试验是天天重复的工作，十分枯燥无味，再加上那位李组长不能调动大家的积极性，组里的人就像一盘散沙。我认为再这样干下去不可能做出什么大的成绩来，便及时向茂名石油公司领导写信汇报情况。

由于工作量太少，又是单身一人在外地，生活十分无聊，我开始学习日语，就买了电台函授日语课本跟广播电台学习。虽然进度很慢，但是一个月后所有的假名我都掌握了，也能讲一些简单的短句，为后来进一步学习打下了基础。

1974年3月中旬，全国传达中共中央文件，任命邓小平同志为中共中央军委副主席、总参谋长兼国务院副总理。虽然我对政治并不十分敏感，但是我觉得这个文件的发布无疑证明邓小平是正确的，他是一个真正的汉子，我十分崇拜他。同时我也感到自己可以好好地工作了。

茂名石油公司领导通知我先行回茂名，我于4月底回到茂名，研究室领导让我负责航煤脱臭试验组的工作。根据上海会战的情况，我提出用本厂生产的石油焦代替活性炭作为催化剂的载体,这样不仅可以降低载体的成本,而且材料来源也相对容易,可谓一举两得。同事们都赞同我的意见。过去试验是每两个人一个小组做一项试验,这样既浪费人力,试验速度又慢。我提出两个试验同时开展。根据航煤脱臭试验条件,我认为应用于汽油脱臭可取得更好的效果,同时两个试验可以互相借鉴。两个试验同时进行势必增加工作量,比如样品就成倍增加。为了带头做好工作,我学会蹬三轮车,二百升的大铁桶到装置装满油,蹬三轮车二里多路,卸下车后又赶快回去再装油,如此往返,半天拉了十一车。当时正是盛夏,工作服全被汗湿透,卸完最后一车油已经筋疲力尽,路也走不动了。为了准确掌握试验的变化,我经常在实验室细心观察,不论白天或黑夜,只要认为必要我都能在现场。我带头这样做,其他同事也有样学样,工作都很认真负责。虽然苦,但是没有任何怨言,试验进行得很顺利。正是在这段时间里,我学习了炼油工艺和油品知识,为日后事业的发展奠定了坚实的基础。

六七月间,随县人事局同意絮吟调出。八月,茂名石化公司同意絮吟调入并上报广东省委组织部批准。十月中旬我动身到英店接絮吟母子,举家搬迁。

六 在茂名安家

絮吟和海川母子到茂名休息两天后，絮吟就到茂名石化公司组织处报到，被分配到茂名石化公司职工医院妇产科工作。有了工作单位意味着可以入户口，有粮食指标，小孩可以入托，可以到福利处申请住房。到茂名的第三天，我们把海川送入河西幼儿园。从湖北的乡村到广东省茂名市，不论是风土人情还是气候都发生了很大的变化，这对成年人来说都需要一个适应过程，更何况一个两岁多、从没有上过幼儿园的小孩子。开始海川很不适应幼儿园的生活，到幼儿园后不跟其他小朋友玩，只是哭，不吃饭。下午接他的时候，他哭着说明天不上幼儿园。回到宿舍哄一哄喂饱饭，洗完澡，他就睡着了，他实在太累了。

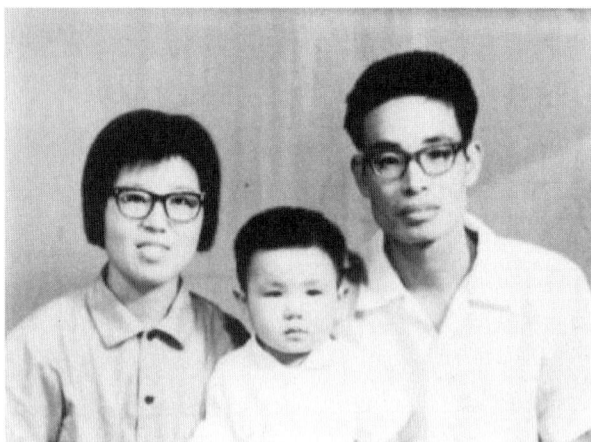

林海川两岁时全家合影

第二天我照样送他上幼儿园,他一路哭,一路说不上幼儿园。我一路说好话,讲爸妈要上班不能在家陪他,到幼儿园可以和很多小朋友一起玩。海川虽口头说不上幼儿园,但他不闹也不撒野,到门口还是进园子去了。到第三天,他的嗓子哭哑了。在送他上幼儿园的路上,他每哭一声,我的心就像被刀子割一样痛。我对絮吟说,要不是条件这么差,真不想把海川放在幼儿园。星期天,我们好好陪他逛了一天,他对环境熟悉多了,觉得幼儿园也不错。当星期一再送他上幼儿园时,出现了奇迹般的变化,他已经高高兴兴、有说有笑了。由于海川样子长得甜,对人有礼貌,阿姨们都很喜欢他,后来他一直在幼儿园过得很愉快。

安家最难的还是房子问题。没有一个自己的家,什么事情都做不成,但当时我只是一个普通的技术员,要房子是极困难的。一个星期过去了,房子的问题根本无人关心。我和朋友们商量,如果我待在露天矿区平房里,公司肯定不会分给我房子。如果我们花钱住旅馆,公司福利处会着急帮我们找房子,住房问题可能会很快解决。主意已定,我们第二天就按照福利处的安排搬到市府招待所去住。住招待所也不容易,招待所不能做饭,我们必须在招待所餐厅吃饭,每天三人吃饭要花四五元钱,这费用在当时比我们全家一天的收入还高,长住下去也吃不消。另外,海川也吃不惯餐厅的饭菜。因为招待所是公共卫生间,洗澡和洗衣服都不方便,经常要搞到很晚才能休息。有一天晚上,我和絮吟正在晾衣服,海川在床上玩,他身子突然往后一仰,整个人从床头的栏杆上面摔出来,额头先重重地摔在粗糙不平的水泥地板上,海川大哭。我们抱起他,为他轻轻抚摸起包的地方,总算把他哄睡了。我们深切地体会到没有自己的家是不能过好日子的。于是,我到房产科说,只要有房子,不论平房、与别人家合住,还是以前死过人的房子,什么房子我都要。见我们困难确实太大,他们答应分给我们一间滨河路17栋302号的房子。302号房是一套大三间卧室,结构完整的好房子,其中有两间已经被同单位的一位罗姓老技术员居住,我们住另一间,两家共用厨房、厕所。那时候由于条件限制,房子不装修,只刷石灰水和洗地。收拾完毕,我们不管什么日子,第二天一早就搬家。搬家的时候,同组的两三个同事过来帮忙,全部家当只装了一辆人力三轮车。我们一起到新房。新房子里摆了一张从福利科借来的"新床",按现在人的观点,这张"新床"连农村人都不会要。一张旧办公桌,一把旧靠椅,除此之外,别无他物,搬家过程只用了一个多小时,实在是一贫如洗!

关于邻居

有自己的房子,可以过上安静的生活,这是我们多年的梦想,但是搬完家却给我带来说不完的尴尬和难受。原来罗技术员家有四口人,除两个大人外还有一男一女两个小孩,男孩的户口在天津,实际只有三口人的户口在茂名。原来他们想独占这套房子,由于当时条件限制,福利科不同意,硬生生分出一间房给我们。对此,罗技术员倒没说什么,但是他太太极不开心。他们在厨房里养了十几只鸡,把厨房搞得臭不可闻,每天早上进厨房恶臭扑鼻,我几乎要呕吐。每天晚上进厨房,蟑螂飞舞,令人恶心。这些我们都忍了,谁叫我们是晚来的呢。

住在17栋的其他邻居和我们相处十分融洽。住三楼的杨家、曹家、林家、邝家和我们都是很好的邻居,孩子们也经常往来,有事互相帮助。有一次我忘了扛自行车回家,林家的太太下晚班时在楼下看到了,帮我把车抬回家,第二天一早送还给我。我们和一、二楼的住户共十家都有来往,大家彼此互相帮助,谁忙了把孩子托到隔壁邻居家,或者帮买点菜之类是常有的事。我们家的鸡在楼梯底下下了一窝蛋,二楼邻居看到了送到我家里来。邻里相处十分和睦,孩子也在一起玩,极少吵闹,可说是当时倡导的"五讲四美"的典范。我们至今仍然十分怀念那时的邻里关系。

学习做饭

过去单身时做饭是短期行为,是请客一样的做饭,可以不计成本、不计时间,做出最好的饭菜供大家享用。现在不同了,饭菜是全家人赖以生存的基础,由于当时社会物质条件和自己收入的限制,要用最少的钱买到最合适的食品供全家人吃,这就要花时间和精力不断学习和实践。

那时候农民种菜都是整体划一,偌大个茂名市也只有几处肉菜市场。肉档和菜档早上五点钟开市,排队买一把青菜,再用肉票买五毛钱肉。肉也不能多买,一个星期就一次,否则下个星期就必须吃素了。我们这些排队买肉的人多数是没有门路的人,所以尽量买半肥半瘦的肉,这样可以解决营养的问题。在那年月,我几乎天天四点半起床骑着自行车去市场采购,六点半前回家后又赶快去饭堂买早餐。絮吟则侍弄海川,早饭后我送海川上幼儿园,絮吟收拾碗筷后也赶着到医院上班,生活真像部队打仗一样紧张。有一次我突发奇想:为解决中午吃饭时间太紧的问题,早上我把米淘好放上水,我想我们每人吃两碗饭,扣除一碗米加三碗水便可。结果午饭煮成了半干半稀的稠粥,难吃极了。

那时候市场上没有鸡蛋卖,要想吃鸡蛋必须请同事到乡下找农民偷偷买了带回来。家里有小孩子,当然时时需要鸡蛋来补充,我们也请要好的同事帮买一些鸡蛋,有时候我也上市场去买,但那是偷偷摸摸干的。有一次我向一个小孩买了十几个鸡蛋,价格较便宜,很高兴,第二天发现全是臭蛋,真把我气坏了。

学习养鸡

有了家以后,朋友们都说应该养几只鸡。养鸡可以吃去一些剩饭,避免浪费,也可以给孩子煮个鸡蛋增加营养。同事们还教给我许多买鸡和养鸡的经验。正好当时是秋天,天气凉,是养鸡的好时节,于是星期天我骑车到高山市场去买鸡。根据同事们教的口诀挑鸡,花了 6 元钱买了 3 只鸡冠红、毛发亮、脚细身长和屁股干净的鸡回家。又照他们讲的给鸡灌花生油,塞蒜瓣。过了几天,有两只鸡活蹦乱跳的,但有一只鸡不吃东西没精神,又折腾了几天后我弄明白了,原来是我喂了一颗大蒜瓣给它吃,蒜瓣太大堵住了小鸡的食道,鸡不能吃东西,饿得没精神,后来这只鸡在楼下被人偷走了。我总算养活了两只鸡,成活率百分之七十。

当时除了忙正经事外还要养鸡,因为怕把它们养死了,所以特别小心。没多久,鸡总是"咯咯"地叫,鸡冠红红的,我觉得鸡快下蛋了。天天把鸡关在笼子里,但是它就是不下蛋。我又把鸡放出来,让它到野地里跑,过了十几天,二楼的胡奶奶告诉我,楼下有一窝鸡蛋,我一看正是我们家的鸡在下蛋呢。

从此以后,为了解决生活问题,我们养了十几年的鸡。

政治学习

那时候,政治学习是每个人(不论男女老少)的头等任务。大家都是下午五点半下班,由于我的试验没有做完,有时还得拖过钟点才能走,但是晚上必须七点半钟准时到指定地点开会学习。两个小时的时间,从工作单位到幼儿园接小孩回家要用三十几分钟,做饭、吃饭、洗澡,做完这些事情再赶到会场时间特别紧张,只能是刚好不迟到。

所谓学习,就是大家搬个小凳子坐在露天空地上,一人读报纸或一些上级的文件。有时,单位领导会给大家做报告,然后根据这些内容大家鹦鹉学舌一通。胆子大的或想得到领导表扬的人就说得多,这些人说到最后连他自己讲了什么话都不知道。九点半以后才能散会,有时领导来劲了,会拖到十点多钟甚至更晚才能结束。当絮吟上夜班时,因为没人帮带海川,我必须把他一同带来开会。小孩子白天不能睡觉,晚上九点钟便开始打瞌睡,同时跟着大人呆坐在那里十分乏味,免不了吵着要回家。这也成了我的过错,领导批评我不该带小孩来开会。为了让海川能够坚持到开完会,我们想了不少办法,比如给他带饼干、糖果,但是他一会儿就吃完了——还是不顶用。后来,我把甘蔗削去皮,切成指头般大小的块,用手帕包着带去开会。当海川不耐烦的时候,就把甘蔗粒给他吃,这包甘蔗够他吃个把小时,总算解决了海川开会闹人的问题。

家庭就是在这样的社会环境中不断学习,实践,熟悉生活,修正不足甚至错误,再实践并提高,达到新的境界。

1975年六七月间,因为工作辛苦,天气又热,我患了感冒,咳嗽。到医院看病,拿了一些止咳药水带到工作室。为了使病好得快,我除了服用感冒药外还把止咳水喝了多半瓶。这下麻烦了,下午刚上班我就觉得头晕得很厉害,全身没力,眼看就不行了,我勉强推着自行车步行到医院找絮吟带我去看病。她带我找到医院当时最好的内科医生熊大夫看病,问诊、量血压,做了一般性检查。熊大夫告诉我是美尼尔氏症,给我开处方,并要我先休息两天。我回家后昏昏入睡,醒来百思不得其解:我从来没有这种病史,家庭成员也没有这种病例,何来美尼尔氏症呢? 但是卧床休息肯定对感冒有好处,因此我老老实实地卧床休息。第二天我不能去买菜,中午家里什么菜都没有了。那时候没有冰箱,家无隔夜菜,天天都必须买新鲜菜吃。中午我一直等着絮吟回家,直到十二点多钟她才回来。原来她步行三里多路到高山桥头自由市场去买菜了。她买了一些青菜和瘦肉,走得浑身是汗,脸也晒得通红通红的。我很受感动,也体会到夫妻间的互相帮助,相濡以沫的珍贵情感。

七 小龙诞生

我们在茂名安家两年多了,生活已走上正轨。絮吟在职工医院妇产科的工作得心应手,海川在河西幼儿园过得很愉快,我在研究所的工作顺利,可以说我们家是安居乐业。这时家里来信说,母亲想到茂名来和我们过一段时间,我立即回信表示欢迎。过完春节,大概是二月底,二姐夫送母亲到了茂名。我们官渡桥头小区是一个知识分子和科级干部集中居住的小区,居民中有很多是潮州人,而楼上楼下的邻居也有很多中老年妇女,都是一些和蔼可亲的人。第二天,我早早上街买好菜,做完早餐,絮吟帮海川漱洗完毕,大家一起用过早餐后出门。我告诉母亲可以到小区周围走走,认识认识邻居,这样就不会太寂寞。但是不要动厨房里的东西,小心出问题。中午回到家,和母亲打招呼,她说菜已经洗好切好,饭也煮熟了,不知道我们的口味不敢炒菜。我说怕她用气炉不安全。她说,请邻居教一下不就会了嘛。她老人家就是闲不住,她煮好饭,我们回家炒菜,省了很多时间,可以睡个午觉。

下午,下班到幼儿园接海川,老师告知海川已被奶奶接走了。回到小区,就看到祖孙俩在楼下与其他家的老奶奶和小朋友嬉戏玩耍,好不惬意,几乎天天如是。有一天回到家门口,看到他们祖孙俩站在门外的路边好像在等什么人。果然,他们告诉我,刚才在路边捡到几元钱,等着还给失主。过了一会,一楼的邻居出来说,是她掏钥匙丢的钱,因为急着回家没有注意到,回家后要出去买东西才发现钱丢了,祖孙二人把钱还给她后才高高兴兴回家。

全家过着欢乐的生活,转眼到了四月份,我和絮吟商量:海川已经四岁,挺懂事的,母亲又到茂名与我们在一起,我们干脆再生一个小孩,将来两个孩子好有个伴。我们正在准备老二的到来,可是老天也有不遂人愿的时候,在七月中旬,茂名下起了特大暴雨,小东江上游决堤,从高州方向来的洪水把官渡桥头小区淹了1.5米深。我家住在一楼,可不能再住了。老妈被接到二楼罗阿姨家去住,我们一家三口蹚水到医院二楼妇产科办公室去过夜。虽然大水第二天就退去,但是被大水泡过的地面和墙壁很难清洗干净,特别是墙壁一直是湿乎乎的,使人很不舒服。又过了不到一个月,全中国到处闹地震,不论男女老少,城市农村,一律不能住在房子里,必须在空旷地搭窝棚。窝棚里是大通铺,男男女女,大人小孩个挨个住在一起。那时候正是南方的处暑季节,奇热难耐,窝棚是油毡纸搭成,闷热、污浊的空气、小孩的吵闹使很多人病倒了。母亲有一次因为谣传说要地震被赶出屋子,走得太急扭伤了脚,十分痛苦,她想,回老家条件不致如此。因此依了她,让老家的二姐夫来茂名接母亲回老家。

母亲回了老家,絮吟也已经有几个月的身孕,老二出生后如何照顾是摆在我们面前的大问题,必须及早谋划。经多方商量,武汉方面岳父母同意帮我们把海川送到他们医院幼儿园,这就帮我们解决了最大的问题。十二月底,借到湖北荆门炼油厂出差的机会,我把海川送到汉口岳父母家中住下,不等他反应过来,我就溜走了。

办完公事,回到茂名,立即开始准备迎接小女儿(儿子)到来的紧张工作。絮吟坐月子吃的东西,除了章鱼、花生米、自己家养的鸡下的蛋等,还买了好几只小母鸡养着。被子、床单清洗干净,小孩的衣服、尿布也一一准备齐全。我们两人都是白天忙工作,晚上忙家务。预产期的那几天,我虽然去上班,但心却挂在医院。一九七七年一月二十八日上午大约十点钟,我赶到妇产科办公室,医生高兴地告诉我:絮吟生了个儿子,母子平安。这是我意想不到的喜讯,我心里有着抑制不住的喜悦。

原来我们打算要个女儿,并且已经起好了名字叫"海燕"。现在生的是儿子,"海燕"这个名字不太合适,我们为小儿子的名字苦苦思索。有一天我外出买菜,走到一间店铺门口,抬头看见门口的对联,上面写着:海阔凭鱼跃,天高任鸟飞。横批是改革开放。于是决定就取对联的首字"海天"作为孩子的名字。海天属龙；按公历生日一月二十八日计算，星相属水瓶座。生肖属龙，名字叫海天，海阔天空任龙翻腾飞跃，我们觉得这个名字与生相基本统一，一致同意。

因为是顺产，絮吟母子都平安，所以产后第三天就出院回家休息。此后我就更忙了。晚上海天哭了，我们两人一起起床为他换尿布、喂奶，一个晚上要折腾两三回。早上五点钟起床，煮早餐后上街买菜，回到家洗尿布、喂鸡，吃过早饭匆匆赶去上班。我不敢请假，怕挨批评。中午下班回家看到饭已煮好，原来是絮吟怕我太忙太累，勉强支撑着起来煮饭。为了不接触生水，她用筷子淘米，真是难为她了。中午不煮饭只炒菜，省了很多时间。吃完饭我立即洗尿布、杀鸡、炖汤，一直忙到一点多钟去上班，天天如此，不觉得辛苦也不觉得累。我想这是得子的兴奋，精神处于高度亢奋状态使然。

在絮吟坐月子的一个多月里，我们两人安排好各项工作，咬着牙拼命干，絮吟和海天都很好，而我自己的工作也没有耽误，这是很不容易的。海天满月后，考虑到把他放在幼儿园实在太小，要是能请位老太太帮忙带到两岁，情况就好多了。当时我的搭档说他的岳母帮他带过两个孩子，有经验，可以让他的岳母帮我们。我们也觉得两家很熟悉，关系也不错，老太太健康、爱干净，也乐意请她帮忙。星期天上午我把老太太请到家，本来海天躺在床上玩得好好的，见到老太太立即大哭起来。老太太想哄他不哭，可是越哄他哭得越厉害，看看没有办法，我们只好让老太太回家。看来要找一个让小家伙满意的保姆也不容易，我们只有把他送幼儿园一条路了。

为了让海天能适应幼儿园的生活，他出生还不满五十天就上幼儿园了，接待他的是洪阿姨。洪阿姨是东北人，五十多岁，人很慈祥。海天见她不认生，也不像见到前面那位老太太那样大哭，十分听话，所以阿姨很喜欢他。茂名春天的天气又闷又湿热，多穿衣服立即出汗，脱衣服又会着凉，很多人患感冒。在和那十几个小孩子生活在一起的大环境下，海天也染上了感冒。下午絮吟去接他的时候，阿姨告诉说，海天有点发烧、咳嗽，得去看病。第二天看完病吃了药,海天的病情不见好转,只好让絮吟留在家带他。中午的时候有医院的朋友来看海天,说小孩发烧咳嗽吃猴枣散最好。下午我们找到猴枣散给海天服下,这可不得了,海天出现气紧并大口地吐痰,表情十分痛苦,看来是吃错了药。猴枣散性大寒,海天的身体受不了,因此出现痰多的现象。下班看到这现象,我草草做好饭,两人轮流吃饭、洗澡和照顾海天。我们几乎一夜没合眼,轮流看着他,生怕海天会出现什么其他问题。天一亮,我们立即送他到医院看急诊打吊针。妇产科护士长汤阿姨亲自打吊针,汤阿姨是一位有着三十多年经验的老护士,技术娴熟,对于大人来说她打针应该不会痛,但是对于才两个多个月大的海天来说还是痛得大哭。我们在旁边给他说好话哄他,轻轻地抚摸他的手,转移他的注意力以减轻他的痛苦,海天才慢慢地平静下来。

第二天打吊针,海天一方面咳嗽再加上哭,他的嗓子有点沙哑,他的哭声和眼神,都饱含痛苦和哀求。这种情感只有父母和孩子之间才能体会到,我们好言给他说打了针病就会好。他慢慢不哭了,喂他很苦很苦的橘红汤药他也喝下,真难为他。从病中的表情和表现来看,我们觉得海天的灵性很好。

海天这次生病,给我们提出一个问题:孩子这么小放在幼儿园是否可行?我们认真征求了幼儿园阿姨、有经验的朋友的意见,他们一致建议还是在老家找一位亲戚来带海天,等海天到一两岁后再送他到幼儿园。我们接受他们的建议,立即打电报回家,请家里来一位亲戚来带海天。家里很快复电,让侄女贵莲立即到茂名帮忙。贵莲是家里的主要劳动力,她的文化相对高一些,所以家里派她到茂名来帮我们。

三天后贵莲到茂名。海天也已病愈出院,与发病前相比他显得更懂事,一下子长大了许多。贵莲的到来海天也能接受,他们在一起玩得很开心。我们的家庭生活重新分工:我还是负责买菜和早餐,絮吟负责洗衣服,贵莲负责带海天和做饭,生活井然有序。由于被照顾得好,海天的身体比以前好多了,但是一旦着凉感冒,情况仍然严重,也要拖两三天才能好转,我们为此事十分着急。听说人体丙种球蛋白有增强体质和有提高抗病能力的作用,我立即写信给香港大姐,请她帮买一些丙球针剂寄来。没多久,大姐寄来了一打丙球针剂。我们开始每两个月给海天打一次丙球针剂,连续不断。海天的身体慢慢强壮起来了,感冒比以前少一些,轻一些,也容易痊愈。海天的身体好,就减轻了大人的很多麻烦,家庭生活其乐融融。

林海天两岁时全家合影

八 人到中年

　　1979年底，家里来信说，已经给贵莲找到了男朋友，并准备1980年春节结婚。当时贵莲已经二十六七岁了，在农村如果还没有结婚，别人会说闲话的。家里的这一要求我们无法反对，我只能给家里回信同意在元旦后、春节前送贵莲回家。

　　我们家又回到父母和幼子的小家庭生活。海天上幼儿园被分在小班，这个班是赵阿姨负责，她很喜欢海天，对他特别关照，当她自己的小孩对待，所以海天在幼儿园无忧无虑地生活着。海川在学校里学习平平，由于年纪小，时常被大一点的同学或邻居小朋友戏弄。一会儿鞋丢了，一会儿笔丢了，搞得他不能专心学习。我们不断地帮他找东西，改作业，补习功课，真的是他读书我们大人也跟着忙。我经常忙试验，出差，家里的事情主要是絮吟做，这在当时物质匮缺的条件下是非常不容易的，慢慢地我们也适应下来。

　　老家来信说父母年老，希望我能带全家回老家团聚。自从1970年结婚回家以来，因为工作忙，小家庭的事也忙，整天劳碌奔波，转眼已经十年没有回家看望年老的父母了，真对不起二老的养育之恩。于是我决定利用到韶关、汕头出差的机会回一次老家。考虑到父母年迈可能会有关节炎，我在广州最大的药店买了两瓶北京同仁堂出品的虎骨木瓜酒，准备给父母亲每人一瓶。我只在韶关待两天，办完事立即乘汽车经兴宁赶往汕头。从韶关到兴宁的路程约400公里，全是崎岖的山路。我从早上四点多钟出发，破旧的老式汽车一路颠簸，突然间我闻到一股药酒的浓香。坏了，一定是我的酒瓶被颠簸碎了，等中午停车吃饭时，我清理旅行包发现果然有一瓶酒被簸碎了，非常心痛。对父母的一片心意被夺去了一半，能不叫我心痛吗？但是我还不知道这是一个不祥的兆头呢。

我在汕头只待了一天，了解汕头地区汽车运输的情况。又上街购买以前父亲和大哥说的他们喜欢吃的山东鸭梨、皮蛋和点心等东西，匆匆赶回老家，父母亲和哥嫂等亲人自然很高兴。他们又高兴又嗔怪地诉说我一走就是十年，全不顾父母年迈，我忙不迭地道歉。家里完全按我的愿望，做最平常的饭菜给我吃，我吃得很甜很香，完全沉醉在当小儿子的少年梦中。

父亲的情绪最高，一直陪着我说话，谈家常，谈他的身体，谈他自己的后事，了解茂名家人的情况，希望我们也多保重。他老人家声音朗朗，我都不觉得他是八十出头的人。第二天，父亲又陪我到新房子和潮州柑地里去转转，老人虽挂着一根拐杖，但是走路步子很快，我几乎跟不上他。我和家里人都相信他能长寿，阳寿会超过九十岁。父母亲送给我一对金耳环和一块银圆。他们告诉我，银圆可值二十元，耳环大概值一百元，可以换回一块梅花牌手表。当然这手表不是正牌货，而是走私冒牌表，当时潮州地区很多人戴这种表。我同意他们的意见，由他们帮我处理成手表，我工作了十一年还没有手表呢，确实需要它。

林海川和林海天在武汉探亲时合影

在老家仅住了两天我便匆匆赶回茂名，因为已临近春节了。刚回茂名絮吟就与我商量，医院派她到湛江市人民医院进修，问我是否同意她去进修。我的心情十分矛盾，进修是个好机会，对于业务提高很有帮助。但眼前孩子尚小，家务又重，我自己的工作太忙，怕照顾不好孩子。但我还是咬咬牙，同意絮吟去进修。我安慰自己说，不就是八个月嘛。

絮吟外出进修，我带着两个儿子过日子，其中的滋味归结为一个字就是：难！我每天四点多钟起床，立即骑自行车奔菜市场排队买肉、买菜，回到家已近六点钟，赶紧点火煮一小碗粥——这是海天的早餐。六点半钟，我到饭堂买早餐。回到家，立即招呼他们兄弟起床。吃过早餐，海川背上书包上学，我肩上扛着自行车，海天跟在后面，我们一起下楼。下楼后，我自行车送海天上幼儿园。我赶到实验室一般是七点二十分左右，立即开始试验，整个上午我不敢坐到凳子上，因为屁股一挨凳子我会立即睡着的。中午下班后，我骑车冲回家做饭。吃完饭，收洗毕已经一点多钟，我躺在床上迷糊十几分钟，闹钟一响，我立即起床，塞给海川五分钱买咸金枣（一种帮助消化的小吃），让他上学去，我也去上班。下午五点半下班，我到河西幼儿园接海天。到幼儿园时，海天已经被赶进"集中营"（家长和孩子们对幼儿园在放学后将家长不能按时接走的不同年龄的孩子们放在一起称为"集中营"），海天对此并不介意，因为阿姨对他都很好，常常陪他玩，所以不寂寞。我来接他时，他总是很高兴，经常告诉我一些幼儿园里好玩的事，我们有说有笑回家。天气好的时候，我在家做饭，他们哥俩到楼下空地去玩，待我做完饭，招呼他们回来吃饭、洗澡。我忙完家务，已经近九点钟，上床哄海天睡觉。海天睡着了我自己也已睡熟。有几次，我在炉子上一边烧水一边哄海天睡觉，不知不觉睡着了，水烧干后铝锅也烧融了，就这样烧坏了几只锅，心痛不已。还有一次，絮吟回到家后又到医院汇报工作，我和海川、海天睡着了，絮吟回家敲门，足足敲了半个多小时还是没把我给吵醒。每天晚上一觉醒来，一般是半夜十二点钟或一点钟，我又爬起来翻译资料，一直干到凌晨，洗把脸后就到集市上去买菜。

这种日子虽然苦也很紧张，但是我还是把家务和工作做得很有条理。工作有进展,翻译资料的笔记本日渐加厚。海天的身体日渐强壮,也很少生病了。可是我自己的身体却变得虚弱了,有几次出现虚脱现象。有一天中午我做完实验已经快十二点钟了,正要离开实验室,这时党委书记吃饱饭从办公室里走出来,挡住我就训话,足足训了半个多小时。这时我饿极了,头发昏,额头冒冷汗,腿在发抖。当我骑车回到家楼下时,已经没力气上楼了,只好先到医院找医生推一针葡萄糖液,恢复体力后再回家。一次是中午下班后去粮店买米,排队很长,买完米我觉得浑身没力气,骑着车摇摇晃晃回到幸福路路口。我正好在逆行位置,这时有一位中年妇女骑车快速向我冲过来,明知立即会撞车,想躲避,但是手脚没力气动作,眼睁睁被她撞个正着。那位女同志的车被撞坏了,我又没理,只得向她一个劲地道歉,跟她到修理店去为她修车。这时我已经没力气再上车了,只能慢慢地推车回家。

当时改革开放刚刚开始不久,老百姓手里还没有钱,买不起电视机等文化娱乐商品,电台也没有什么好节目,唯一的娱乐活动是星期六晚上到医院操场看电影或者电视节目。星期六的电视连续剧是《大西洋底来的人》或《加里森敢死队》,两个孩子必去看,我忙完家务也赶去陪他们。有一天,可能海天中午没睡好觉,不到九点钟就困了,我把他抱回家睡觉。可是又想到海川要搬两张凳子回家有些困难,我让海天在家里玩,自己到操场帮海川搬凳子。当我返回到楼下时,远远就听见海天的哭声,那哭声非常恐怖,可把我吓坏了,我三步并作两步赶回了家。原来是一只拇指大小的屎壳郎爬到海天肩膀上,海天被虫吓哭的。我赶快把那害虫捉住甩在地上,让海天用脚踩死它。海天这一惊非同小可,全身被汗水湿透了,嘴唇都哭紫了,好半天才缓过气来。我好心痛,好言安慰了很长时间总算让他安静下来。好在海天已经身体健壮,要是像以前一样,非得一场大病不可,那可就麻烦了。

1980年的夏天天气特别不好,六月初的天气又闷又热。几天来我觉得周身不舒服,总有一些事情觉得不顺心,心慌气短。二十日上午十点钟突然接到家里的电报:父亲仙逝。我脑子嗡了一下,父亲走得太突然了。我强忍悲哀回到办公室安排好工作,向领导请假,请熟人代买第二天茂名到广州、广州到揭阳的公共汽车票。那时候没有下午车,也没有晚上的车,只能早晨坐车。回到老家已经是第三天下午五点多钟,父亲的丧事已办完,正在下葬。我赶往山上,父亲的坟墓已经修好,大家正在祭拜,我赶快跪下给父亲磕头。未能为父亲尽孝,心里非常痛苦,同时由于三天来的劳累,精神和身体全垮了,我长跪不起,痛哭不已。后来天色已晚,三哥把我扶起来,由侄子搀着我下山。

回到家中,我向母亲问安,母亲表情镇静,淡淡地对我说:"老人走得很突然,没能及早通知你回来见上一面。老人走得很安详,没有一点痛苦,这是他老人家生前积的德。"我知道母亲这时心里很难受,她怕我难过倒先安慰我,我从心里感谢她老人家。晚饭的时候,家里必须请亲戚朋友吃饭,我只草草吃一点东西,便端着粥给母亲送来,母亲只喝一点米汤。当晚我陪着母亲,我们母子就睡在父亲走的那张床上。

大哥告诉我,父亲走前的一个星期,天气闷热,父亲觉得不太舒服。大哥要陪他老人家去看病,当时他老人家不肯,说爷爷奶奶来找他回去了,要大哥为他准备后事。家里人一方面安慰他,另一方面也做好各种准备,每天晚上由大哥、二哥陪他老人家睡觉,以防万一。父亲走的那天晚上,大约十一点钟他老人家说肚子饿,两位哥哥服侍他老人家吃了一小块饼喝了一小杯水。父亲睡下后,凌晨一点钟,大哥喊父亲,一直没听见回应,起床一看父亲已走了。

父亲七天祭期时,我们一早祭拜父亲后,兄弟四人和几位亲友在一起开会,把费用分开,大哥多负担一些,三哥和我按平均数出钱,二哥因为条件不好,少出一点钱。我只要父亲平时换洗的一件上衣作为纪念,其他东西全部给两位哥哥。事情处理完毕,兄弟四人和二姐到洪阳镇照了一张团聚像,然后我到流沙,准备赶回茂名。临走时,母亲反复叮嘱,一定要把茂名全家人照顾好,把孩子培养好,尽快把茂名全家人带给她看看。我铭记母亲的教导。

我回到茂名,絮吟因为到信宜巡回医疗,得知我回家奔丧的消息,她立即赶回茂名来照顾两个小孩,家里一切正常。我找出家里保存的父亲的旧照片,镶在镜框里,披上黑纱摆在柜子上供悼念。按照中国人的习惯,老人仙逝,必须做七七四十九天的纪念。在这纪念期间,我照例不刮胡子,不参加一切文误活动,我用我所能做的一切纪念敬爱的父亲,愿他老人家安息。

七月初,在华南理工大学读书的侄女莲贞暑期到茂名来度假,我热情地接待她。但过几天后她从我的表情看出家里出了什么事,当她得知祖父仙逝后也大哭了一场。父母亲对后辈都给予极大的关怀,后辈对他们有着深厚的感情。

1980年7月,在华南理工大学读书的堂姐莲贞和林海川、林海天兄弟在茂名新湖公园合影

8岁的林海川在茂名新湖公园

1979年以后的一年多,我们家经受了又一次考验,我苦苦支撑,艰苦努力,总算渡过了难关,经受了又一次磨炼。两个孩子也十分听话,海川放学时帮我到幼儿园接弟弟回家,哥俩一起玩。海川还请楼上小伙伴教他做饭,结果做了一大锅烂稀粥,足够我们一家吃三天。我并没有责怪他,而是表扬他主动帮做家务的行为。

第四卷

迎来机遇

海阔凭鱼跃，天高任鸟飞；发光发热，报效祖国。

一　积极参与社会变革

　　1978 年 7 月,茂名石化公司根据国家和广东省的安排,召开茂名石化公司第一次科技大会。参加大会的代表是各级领导和各单位推选的有突出贡献的科技人员,我是研究所的代表。虽然那时候当代表只是得一张奖状,开两天会,吃两天不花钱的饭,但还是很光荣的,那是单位对自己工作的认可啊。而更重要的是感受到国家对知识的重视,对知识分子的重视。

　　9 月底,我们在茂名石化公司职工医院宿舍区分到了 3 栋 302 号房。这是一套两居室有独立厨房和卫生间的半新房。那时候的住房根本没有装修,把房间粉刷一下,过两天石灰层干了,我们就搬家。这次搬家比以前的东西多多了,用三轮车拉了几车家当,搬家用了一整天。外间屋子摆张小床后还很宽敞,海天可以到处走动。我们里屋除了一张大床外,又花五十元工钱定做了一张大五屉柜,把桌子和书柜摆开,这回我们总算可以有个地方看书学习了。搬完家,正好是国庆节。国庆节之夜茂名市同样很热闹,市体育场放烟花,我们在阳台上可以看到烟花绽放,光彩夺目,绚丽的夜空,全家人心情特别舒畅。

　　10 月初,我接到出差到山东胜利炼油厂参加汽油脱臭研讨会的通知。这次会议主要是北京石化院和有关几个炼厂的研究单位交流讨论汽油脱臭、增强抗氧化能力的研究成果。参加人员以中老年技术骨干为主,相对来说我还是比较年轻的。除了开会讨论正题外,大家在一起最主要的话题是思想解放所迸发出来的干劲和热情。参加这次会议,无论对于学术水平的提高还是思想的解放,我认为都有很大的收获。

10 月底,医院领导派絮吟到湛江地区卫校进修中医学,时间半年。那时候文化活动少,社交几乎等于零,因此业余时间很多。晚上吃完饭,我便看书学习。我把整本英文版的《化学工程》教科书翻译成中文,一边培养翻译技巧,一边学习化学工程知识,一举两得。经常晚上七点多钟开始,一直干到深夜,笔耕不辍。自我觉得我的英语水平和化工专业知识有很大进步,心里乐滋滋。

由于工作忙,家务也忙,所以时间过得特别得快,四月底絮吟学习结束回茂名,家庭又恢复正常生活。五月初,房广信同学告诉我说,他前几天出差路过武汉,在长江大桥上见到海川和他外公一起在长江大桥上玩,海川让他告诉爸妈接他回茂名。是啊,孩子已经 5 岁,应该准备上学了,必须由父母自己承担教育责任。我们给武汉家里写信,感谢岳父母对海川的关爱,现在我们已经有能力照顾海川和海天了,同时考虑到爸妈带两个小孩(海川和表弟)太忙,我们打算把海川接回茂名。很快得到武汉岳父母的应准,我们立即张罗接海川回家的事。

说来也巧,1978 年 6 月中旬张仲录出差洛阳,我托他顺路到武汉帮我接海川回茂名。海川回来的那天我和絮吟一起到茂名火车站接他们,火车到站时,我们远远地看见仲录和海川走出车站来,我们大声地喊"海川,海川!"海川向我们摇手,出了车站。我们仔细端详海川,确实长高了,由于穿的衣服少,显得个子更高挑,已长成一个英俊少年。父母与儿子见面,十分亲热,海川话也很多,他问海天是谁,是什么样子,好不好玩,等等。我们一行坐公共汽车回到河西医院宿舍家里,海天已经睡着了。我们让海川悄悄看他一眼,不吵醒他。由于长途旅行辛苦,收洗完毕,海川也困了,很快就进入梦乡。

海川回到茂名只休息一天,也就是为他办理进幼儿园手续的时间,第二天就进幼儿园去了。已经有了在武汉幼儿园的经历,海川对幼儿园不反感,愉快地和小朋友们一起玩,回家和弟弟相处也很好。为了让孩子有一个较广阔的天地,我们在星期天总是早早地吃完晚饭,然后我带着他们哥俩到滨江公园去游玩。他们哥俩在那里玩捉迷藏或者追逐打闹,我跟在后面关注他们的安全。等他们玩累了,我带他们去买冰棒,有时去喝碗芝麻糊,哥俩十分开心。玩够了,也吃了一点东西,天黑下来,我们一起去电影院看电影。海川正在少年成长期,精力充沛,看电影是津津有味。海天年纪小,看不懂电影,自然没有兴趣,一会便睡着了,这时我只好说服海川回家。这是我们父子每星期最快乐的一天。

海天从小爱听我给他讲故事。这些故事无非是从小人书上看来再讲给他听,他听得津津有味。特别在给他理发时,我给他讲《鱼盆》或者《渔夫和金鱼》的故事。我不紧不慢地讲故事,海天静静地听着,这样,我可以顺利地帮他理发。理完发,故事讲完,两人都轻轻松松完成任务。

转眼到七月初,小学开始招生。絮吟和我想,海川虽然才五岁多,但是在同龄孩子中他发育早,个子比较高,智力和自理能力也比较好,可以让他读书,较早接受学校正规教育。9月初,海川高高兴兴地背起书包上学去,当时他才5岁零3个月的年纪。刚开学不久,一天中午放学,海川说书包丢了,我们就到海川能说出到过的地方去找,都没找到。可是等到我下午下班回家,海川高兴地告诉我,书包找到了,是忘记在教室里,真是哭笑不得。这大概是年纪小不懂事的缘故,与我小时候一样。

7月底,茂名石化公司研究所机构变动为研究所——研究室——试验组三级管理体制。我还是负责航煤脱臭试验组,把小实验放大为生产装置试生产,除夜以继日地跟踪生产过程的质量变化,并提出改进意见外。我还负责处理炼油厂日常生产中出现的质量问题,只要生产出现问题,不管白天黑夜,我都立即赶到现场采样分析,提出改进措施。我认为,技术不误人,我在完成工作任务的同时,仍坚持不懈地学习。工作单纯了,我对技术的钻研更深入,自己也生活得更充实。

1979年元旦刚过,研究所调我到第三室工作,我无条件地服从。我认为是鹰总能飞上天,以自己的学识和钻研精神,无论到哪里都能做出成绩。在第三室,我担任车用齿轮油试验组组长。

车用齿轮油研制是石油部的一个重要攻关项目,茂名石化公司是主要负责单位之一。我们的任务是用国产原油和部分国产添加剂研制出达到国际水平的重负荷车辆齿轮油。在我之前,茂名石化公司研究所第三室已经开始了零敲碎打式的试验,当时没有系统的资料调查、试验方案的设计和试验计划。新组建的车辆用齿轮油试验组,除了我之外,还有一位老技术员、一位工农兵学员、老师傅、中专毕业生和学徒工等组员。

研制润滑油试验对于我们组的大多数人来说都从来没有接触过,就是搞过试验的老师傅也只是做过一些行车试验,做做记录,从来没有搞过配方试验。工作如何开始,必须提出一个可以被上级主管部门认可的方案。通过中外文资料调查的内容:包括:车辆齿轮油的规格要求,试验评定方法,当时国内外最先进水平的车辆齿轮油的样品等。我们用了整整一个月的时间才完成这项工作,并提出初步的试验方案和计划。研究所和研究室两级领导基本通过这个试验方案和工作计划,我们可以有计划地开展工作了。

1982年初,茂名石化公司决定对我们1968年毕业的本科学生评定职称。由于我的工作有了较好的进展,我的论文和科研成果得到一致肯定,茂名石化公司研究所学术委员会的委员们一致同意我晋升为工程师,且排名第一位,报茂名公司学术委员会审定。

同年8月,研究所把我提升为第三研究室副主任。由于工作努力,科研成果多且能应用于生产实际,年底总结评比时,被评为1983年度茂名石化公司劳动模范。1984年春节前后,公司组织我们劳动模范到各二级单位巡回做报告,我实事求是地讲述自己的事情,不夸大实事,不拔高境界,我认为靠自己努力工作,没必要夸大其词博取他人的喜欢。

被评上劳动模范后,各种荣誉接踵而至,其中5月份我被选为茂名石化公司知识分子代表,出席广东省总工会代表大会。

由于我们搞润滑油试生产和应用研究组的团结和努力,我们的科研成果和高级润滑油的生产有了长足的发展。到1985年年底,我们已形成不同级别和牌号的车辆齿轮油、工业齿轮油、蜗轮蜗杆油、液压油、透平油等系列产品,以及各个级别发动机油系列产品,产品年产量达到3 000多吨。产品销往全国各地的钢铁、煤炭、电力、交通运输、航海、印染、机械加工等行业,在国内小有名气。我们也因此受到中石化总公司领导的高度评价,认为我们是继兰州炼油厂和长城高级润滑油公司两大润滑油生产基地之后的南方后起之秀。

1985年我晋升为高级工程师,下半年被茂名石化公司任命为茂名石化研究院技术副院长。1986年春节后,中石化总公司在燕山石化总厂召开"六五"润滑油攻关总结大会,我代表茂名石化公司出席会议。这次会上我被评为中石化总公司"六五"润滑油技术攻关做出突出贡献的科技工作者。当时在茂名石化公司我是唯一获得这个称号的人。

为了兑现我对母亲的诺言,我准备带全家人在1982年春节回老家探望母亲及各位亲戚朋友。因为絮吟需值班,所以留在茂名过年。在广州停两天,我带海川、海天两兄弟到广州动物园去看动物,又带他们游广州文化公园,哥俩玩得很开心。

从广州乘广州开往揭阳的公共汽车回老家,一路顺利。可是下午三点多钟的时候,车在池尾加油后没走多远就抛锚了,一直折腾到晚上九点多钟车,还没有动起来。司机看无计可施,只得请过往车辆司机捎话给流沙车站,另派一辆车来送我们。折腾六个小时确实很辛苦,车上的小孩哭闹不休。海川海天哥俩虽然不耐烦,但他们都静静地等着。到晚上十一点多钟,我们才转到另一辆车上去,十二点多钟我们终于到达洪阳汽车站。天很黑又下着小雨,大哥和姐夫在车站四面通风的候车亭里苦等着我们的到来,又在黑暗中用自行车沿着崎岖小路把我们接回家(当时如果交通发达一些,或者电话普及一些,我们就不至于在途中等这么长时间了)。回到家,母亲听到我们的声音立即起床,拉住海川、海天的手,一个劲地喊他们的名字,只是天太晚了,我们也折腾累了,到当年我和絮吟结婚时住的那间房间休息。

上次在老家过春节,还是1971年我们结婚的时候,那时候条件实在太差了。这次我还是以小儿子的身份回家过年,自然是其乐融融。这次回家过年带着海川海天哥俩,他们毕竟是从城里来的孩子,身体、肤色、举止等在村里都是非常出众的,所以,不论是认得的人还是不认得的人,都夸哥俩以后必成大器,是公祖积的福分,但愿能如他们吉言。

考虑到海川已经读小学四年级,第二年要毕业(那时候小学是五年制),海天下一年度也要进学校,1982年的暑假是一个出游的最好时机,我们一家又到武汉探望外公外婆等亲戚。这一年我们的回家探亲年,完成两家老人交给我们的任务。

海川读小学四年级时,我们鼓励他学习打乒乓球,他参加了市少年宫少年乒乓球集训队,有时需要在晚上训练,我就带着他们哥俩一起去体育馆练球,海川是茂名市少年乒乓球赛的季军。周末我还带他们哥俩去学习游泳,海川游得不错,蛙泳可以游得很远,动作也灵活自如。海天年纪小,胆子也小,学游泳就不那么容易。有一次,我帮海天套上救生圈,他往中级池里一跳,我一看,糟了,救生圈脱离了海天浮在水面,他本身的冲力使身体往水里沉。我在池边本能地立即趴下,手伸向水里。这时海天被水的反作用力又顶出水面,我一下把他提到岸上,心才稍安。海天自己也怕了,跑回儿童池玩水。后来,海天要游泳,我便陪他一起到中级池慢慢学习,直到他完全学会了才放开让他一个人游,我在岸上看着他。

1983年,海天已经七周岁,我们送他到第二小学读书,开始他的学习生涯。

海川上中学以后在其他小朋友的影响下,增加了一些爱好。比如集邮,也搞一些化学和电器小试验。对这些活动我们都给予支持,只要碰到好的邮票我们都帮他收集起来,有时到外地出差也到邮局帮他买邮票。在确保安全的前提下,我也教他做一些化学试验,以增加他对科学的兴趣。他跟邻居陈勇兄弟俩一起搞无线电收音机和矿石电话机。我们不但鼓励他动脑子做好,并且对他取得的哪怕是很小的进步也给予肯定和表扬。

海天上小学后,受邻居吴昱的影响开始集火花(火柴盒图案),他集火花的热情到了废寝忘食的地步。我们支持他集火花,为了不让他花太多精力,我们千方百计地帮他收集火花。我出差到外地,只要有机会我就到火花、邮票店去转悠,寻找一些新的火花。这件事渐渐成为我们的习惯。后来海天不再集火花了,但我每到一处还是收集火花,现在我们家已经收集了许多我国及世界各地的火花,只能等到以后有时间再整理了。

创建南海高级润滑油公司

　　在茂名石化研究所第三研究室同仁们的共同努力下，1985年年底，高级润滑油年产量已经达到3 000多吨。那时全国各行各业都在迅猛发展，并且引进了大量的外国先进技术和设备。对高端润滑油的需求也猛增，按那几年市场的需求和我们的发展速度估计，每年的增长速度应该达到50％以上。也就是说，1986年可生产并销售高级润滑油在五千吨以上。但是，当时茂名石化研究所的主要领导抱残守缺，既无能力领导高级润滑油的研制、创新和增加产量，也不想让我们把润滑油更快更好地发展起来。他一怕高级润滑油产量大了，茂名石化公司会收回去作为公司的二级单位；二怕我日后的威望超过他。高级润滑油的发展处于生死存亡的关键时刻，我是茂名石化研究所技术副所长且主管润滑油的研究和发展，对这种情况很是着急。但出于组织原则，我不能带头起来反对顶头上司，只能静观形势的变化。我手下几位干将也很着急，有一天张晨辉同志来找我，谈了他们对于当时润滑油生产销售形势的看法，与我的看法基本相同。他大胆地提出把润滑油的生产经营独立出来，组成一个新的公司。对于他的想法，我认为基本观点是对的。但是不能从我的口中说出来，这样如果领导不同意的话，好有退路。我建议他把想法写出来由我修改后送给吴长锦副总经理。我们两人找到吴长锦副总经理，递上报告并向他详细阐述我们对茂名石化公司发展高级润滑油的想法。吴总听了我们的汇报后，当即表示支持，并且提出由他去说服其他总经理尽快把这件事确定下来。

　　6月，在茂名石化公司的一次处级干部会上，李普庆总工程师说茂名石化公司最近决定成立高级润滑油公司。北方有长城高级润滑油公司和飞天润滑油公司(兰州炼油厂下属),我们茂名石化公司在南方,成立的公司名为南海高级润滑油公司。这算是茂名石化公司把成立高级润滑油公司的事情公开化了。没过几天,茂名石化公司劳资处组织有关处室负责人讨论组建南海高级润滑油公司事宜,我被茂名石化公司指定代表研究所参加此次会议。会上各种议论都有,有的人认为没必要成立这个公司;有的人认为可以作为销售公司的附属单位,调调油就可以了。我把润滑油对工农业生产的重要性、它的发展趋势、市场情况和技术服务等做了介绍,并强调成立高级润滑油公司的重要意义。经我这么一说,大家同意茂名石化公司成立高级润滑油公司的意见,但定级为副处级单位,定员40人。

茂名石化公司成立南海高级润滑油公司的消息传开来后,立即引起了研究所的一阵骚动。有人在全所上上下下散布说:林南通想当官,到上面去要求成立高级润滑油公司;润滑油公司一成立,研究所职工的生活福利就不好了,等等。他想以这些言论来激起职工对我的不满,其目的就是想让全研究所的员工起来干扰茂名石化公司领导成立独立的润滑油机构的决定。我心自坦然,且不理他。因为我不是为了升官发财而积极主张成立高级润滑油公司,我是为了实现人生价值,把自己的才智贡献给社会,以对得起培养我的国家。基于这个思想,我认真做好每一项工作。好朋友问我,是不是去南海高级润滑油公司当经理,我平静地说,公司没有找我谈这件事,我无可奉告。

没过多久,茂名石化公司总工程师李普庆找我谈话,要我负责组建南海高级润滑油公司,这事让群众说中了。我对于这个任命也有心理准备,因此,十分平静地向领导表了个态度:感谢领导对我的信任,我努力把工作做好。但我走上领导岗位的时间不长,高级润滑油公司是集开发、研究、产、销和技术服务相结合的新事物,难免会走一些弯路或者犯错误,请求领导给予指导和帮助。大方向已定,我即投入紧张的筹备工作中。

1986年9月16日,茂名石化公司正式发文成立南海高级润滑油公司。南海高级润滑油公司领导班子的组成如下:我任总经理,原来炼油厂质量检查科党支部书记夏梅夷升任南海高级润滑油公司党支部书记(因为是副处级单位,本来可以成立党委或党总支,但人少,党员少,只能成立党支部),关子杰任总工程师,张晨辉任副总经理,罗统成任工会主席。我们班子再研究确定下属各部门的领导人选:麦潮俊任办公室副主任,林亮智、李亮耀两人任生产技术部副主任,杨润杰任供销部副经理,还有从炼油厂调入两人任生产车间主任和设备安全部副主任,以上是南海高级润滑油公司的核心人员,是茂名石化公司高层领导集体研究的结果。基层除了原来研究所生产组的十几位员工外,各单位只肯把那些"调皮捣蛋"不好使用的编外人员给我们新公司,各级领导认为好的员工一个都不给我们,看我怎么研制高级润滑油。他们在看我的笑话呢。

人员勉强到位,设备条件又是极简陋。公司只有原来研究所的生产装置,没有办公室,就借研究所第三研究室的一间会议室,十几个人挤在一起办公,而供销部则在原来研究所的另一间小屋子中办公。一个仅有三十来人的小公司,办公场所分布遍及半个炼油厂的范围,没有一辆交通用的小汽车,全靠自行车来回奔跑于各个办公室和火车站之间,可见当时条件的艰苦。我们就在这样的条件下开始创业。

俗话说,人心齐泰山移。首先,我带头讲团结拼搏,处处做出榜样来。我和班子成员深入基层调和班、分析组和产品发运组,只要有员工加班调油,无论什么时间我都会出现在他们中间。半夜到火车站发油,我们骑着自行车到火车站货场看望加班的职工,带去面包、豆浆等夜宵。由于经常和员工在一起,只要哪个员工工作努力,做出成绩我都能及时表扬,鼓舞他们的积极性。特别是那些在原单位被下岗的员工最受感动,他们努力工作,完全变成另外一个人。在我们领导班子这种团结拼搏精神的带动下,南海高级润滑油公司全体职工团结一心,真正以主人翁的责任感忘我工作,呈现出一种蓬勃向上、欣欣向荣的景象。

在生活福利方面,我们利用单位人员少,有一些物资便可满足的优势,想办法采购一些生活物资发给职工。对于分发物资我有个严格规定,不论领导还是一般工人，一律平等，不搞特殊。曾经有一次办公室分鸭蛋，分给我的是经过挑选的一些又大又干净的鸭蛋，我觉得很不舒服，好像职工都在盯着我，说我搞特殊。我当众把鸭蛋退了回去，并告诉他们以后不要再这样做。这给全体职工树立了一个很好的榜样，也使职工信得过我们。只要我出面说的事大家都很信服，可以说，我指到哪里全体职工就打到哪里。

队伍已经建立起来，我们即开始进行大规模的边生产边将基建扩大规模的工作。我们建议茂名石化公司征收与润滑油调和车间相连的北山一块约50亩面积的荒山坡，公司很快同意我们的意见，征收了那块地并且交给我们安排使用：我们建设5 000立方米的基础油罐区，2 000平方米的成品油灌装厂房。这两个基建项目总投资约2 000多万元人民币，这些投资款全都是高级润滑油公司的超额利润，不需上级拨款。装置扩建后，使我们高级润滑油年产量可以达到五万吨以上。这些设备到目前（2010年，已经使用20多年）依然是南海高级润滑油公司的主要装置。为了尽快把占用研究所的房产还给他们，我们在新征地的边缘建起约200平方米的一排平房作为办公室。办公室虽然简陋，但是我们在办公用品上下大功夫，要求办公用品达到当时国内的先进水平。我们的工作质量同样达到茂名石化公司甚至是同行业的先进水平。

由于大家的共同努力和拼搏，刚刚成立的南海高级润滑油公司取得了良好的业绩。1986年润滑油产量超过6 000吨，利润也大大超过茂名石化公司给我们承包的数额，茂名石化公司领导对我们的工作很满意，我们经常得到表扬。而我自己也十分注意保持低调，并且注意与上级领导和兄弟单位搞好关系，茂名石化公司上上下下对我们的工作都很支持。

良好的内外部条件还需靠领导转化为工作的业绩，才能有所作为。我带领关子杰、张晨辉、林亮智和李亮耀等人开用户座谈会，提供技术服务，宣传南海牌高级润滑油产品。因此，南海牌高级润滑油声名鹊起，用户迅速增加并遍及全国各地各个行业。我们的产品覆盖煤炭、钢铁、电力、航运、机械制造、纺织、交通运输以及塑料加工业，等等。产品的销售范围北到内蒙古自治区,南到海南岛,东到福建、浙江,西到新疆。南海高级润滑油公司在中石化总公司也很有名气,在国内从某种意义上讲,南海高级润滑油的名气比肩"长城"和"飞天"高级润滑油。

我一直认为,宣传茂名石化公司和"南海"牌产品,对茂名石化公司的影响非常有利。因此,不论到何处,我总是把茂名石化公司的大旗举得高高的。这样,茂名石化公司名声大振,公司领导十分高兴,也非常乐意参加用户座谈会。1987年,柯居涯总经理亲自主持茂名石化公司南宁用户座谈会,何德先副总亲自任用户委员会主任。后来只要柯总不出席会议,何总必亲自主持。为了更好地普及润滑油知识,1987年6月,我把前几年翻译的日本樱井俊男的《摩擦与润滑》(日文版)的译稿,结合我们在实践中积累的经验,解答用户提出的问题,引用一些教科书的图表和计算公式等,编辑出版了《润滑油基本知识》一书,印一万册。这本书发出去后,用户普遍反映良好,很多得不到书的用户纷纷打电话或托人到茂名来索要。《润滑油基本知识》一书送李普庆总工程师审阅,他看后非常高兴地说:"写得好,林南通是茂名石化公司第一个出书人。"

事情也凑巧,1987年9月,中石化总公司在茂名召开技术职称评审现场会议。按照总公司选拔一批青年技术尖子的要求,公司推选我、房广信和黄靖国等四人破格晋升为高级工程师。当时李总作为茂名石化公司技术职称评委会主任出席会议,把我作为典型向评委推荐。他列举了我的科研成果,特别把我编写的书拿到会上发给有关人员,说明我的技术水平。由于这一有力的证据,我们四人很快就通过了晋升评审的表决。

1987年茂名高级润滑油公司的产量超过10 000吨,比1986年增长了一倍多。这一年,我总结的关于南海高级润滑油公司发展的一篇管理论文获得中石化总公司管理论文一等奖,这对当时茂名石化公司来说极不容易的。由于这些成绩的取得,公司领导对我们的工作很是满意。

1990年我被中石化总公司评为优秀管理专家。同时得这一荣誉的还有茂名公司副总经理吴长锦。

1990年12月28日,公司党委书记张德立找我谈话,宣布中石化总公司和茂名石化公司决定调我到中石化国际事业公司茂名分公司任总经理,新年过后即上任。我早已预感到我会离开高级润滑油公司,因此,愉快地表示服从组织的安排。我回到茂名石化高级润滑油公司向原总工程师、即将上任的总经理关子杰同志和领导班子的其他成员交接工作,我把近十年来积累的所有资料、所有客户关系全部无条件地移交给我的老同事和继任者,我没有带走一份有价值的资料,没有拿公家一分钱,走得清清白白,同事们也依依不舍。大家一直保持联系,彼此互相鼓励,不断进步。此情已足矣!

我从1980年初接受组建齿轮油攻关小组起,全心全意投入茂名石化公司润滑油的研究,取得了成功,带动了茂名石化公司润滑油的开发。其后,我又迅速地把实验室的科研成果放大成工业化生产,使之成为商品推向社会,解决了当时工农业发展的急需。我坦诚且锲而不舍地向朋友们宣传茂名高级润滑油公司的产品,宣传润滑油的使用知识,使他们了解高级润滑油在工农业生产中的作用,心甘情愿地使用"南海"牌高级润滑油产品并介绍更多的朋友成为我们的用户,从而扩大南海高级润滑油的销售市场。经过近十年的努力,南海高级润滑油从无到有,年产量超过40 000吨,成为国内颇有名气的高级润滑油品牌。我总结成一句话:一分耕耘一分收获,要像培养儿子一样来对待事业,事业才能成功。

另一点体会是:要敢于急流勇退。在我的主持下,南海高级润滑油公司正如旭日东升,连续五年取得优异成绩时,我适时地被调到其他单位任职,既给接任者以发展机会,也使自己给原单位留下美好的回忆。

三 担任茂名石化公司外事处处长

1991年1月2日,我到茂名石化公司外事处上班。当然大家见面都很客气,个个满脸笑容跟我打招呼,表示欢迎。当时的副处长有梁信超,他是我在茂名石化公司露天矿铁道连时的老领导——连指导员,算是老熟人了。管进出口业务的副处长张诚,翻译科科长何芬(男),他这次被提为外事处副长。有四位年纪较大的老科长,其余就是一些年纪不足40岁的年轻人。

虽然外事处与我们南海高级润滑油公司同是1985年成立,我们高级润滑油公司已经发展成中石化总公司中名声响当当、极受领导瞩目的单位。但外事处在茂名石化公司的发展却很一般。当时外事处有38名员工,我是第39人。外事处在茂名石化公司办公大楼的二楼角落里有六间办公室,除原来的三位领导共一间办公室外,出口科、进口科、外事科和财务科都各有一间办公室,还有一间是全处的会议室。我到外事处后把会议室分隔为两半,一半是我的办公室,另一半仍作为会议室。上午全处员工见见面,了解基本情况。下午突然被通知外事处全体员工集中到茂名石化销售公司开会。

外事处开全体大会,我们(我和另外的三位副处长)都不知道谁主持会议,什么内容,稀里糊涂到了销售公司。坐定后一看,原来是新上任的茂名石化公司李副总来了。他宣布开会,把全处的人劈头盖脸地骂了一顿,大骂员工开会不带纸笔做记录。幸好我带了纸笔,对他的指示做了简单笔记,因此受到了表扬。但是我对受到表扬并不领情,因为前任业绩平平,乏善可陈。

把茂名石化公司的外事、外贸工作一肩挑,并做出成绩,也不是一件容易的事。茂名石化公司干部处派了技干科主办科员陈伟文来协助我做组建工作,特别是骨干的遴选和任用事宜。另一件事是建立与北京中石化国际事业公司(即外事局)的关系,以得到他们的支持,否则是没法工作的。一月中旬,我独自一人到北京汇报工作。

我当茂名石化公司外事处处长和中石化国际事业公司茂名分公司总经理是经北京中石化外事局和国际事业公司批准的,况且他们还有产品处的副处长李岳龄兼任我们的副总。因此他们对我的为人处事十分清楚,他们指定李岳龄负责接待我并保持以后的工作联系。在北京我见到的当时局领导有:局长杨树杉、副局长徐元达和祝耀滨等。徐副局长原来是长城润滑油公司的总经理,我们是老朋友,他也是刚调到国际事业公司任职。领导们对我都很客气,也很尊重。临走时,我问李处长有什么事可以帮忙。他说春节将到,别的局都有下面的公司送东西,唯独外事局一点物资都没有,特别是那些老干部更是寒酸,问我能否帮忙。我想了一下,按当时的客观条件,送鱼、肉和易变质的东西是不行的,我们又不产苹果等北方水果(当时真傻,为什么不到北京的水果批发市场买一批苹果、梨子送他们),我想到红江橙是冬天广东最好的应季水果,立即打电话给外事处司机黄德章,要他马上到老家买一卡车最好的红江橙,以最快的速度送到北京。德章没有让我失望,如期把货送到。领导和朋友们都很高兴,也知道我的办事和为人,从此,建立了良好的关系。

经过与原来员工的座谈了解,我认为外事处的员工都很聪明能干,如何创造条件让他们的聪明才智发挥出来,是当时工作的重点。如果不改变无所作为、混日子的状况,只能误了员工的前程,也枉费自己的一腔热血。根据业务发展的需要,经过考察,在短短的半年内,我先后提拔了廖廉等一批骨干为经理。一些老人,如副处长张诚、梁信超和新提拔的副处长何芬也都积极配合工作。还有一些新入职的大学生等,骨干人数已达六成以上。外事处已经政令通畅,呈现一派生机勃勃的景象。

为了积极扩大进出口额,特别是当时国家正处在改革开放的重要时期,鼓励发展经济和进出口贸易,把以前茂名石化公司只有少数几个人能出国的状况,改变为组织炼油厂等供货单位的骨干出国考察,极大地提高各单位提供货源出口的积极性。石蜡、石油焦、沥青、润滑油基础油和白矿油等国家批准出口的物资,我们都组织出口,我们茂名石化公司的出口量每年成倍甚至十几倍增长。进口方面,以前有的人为了出国能捞一点外快,委托外部的人做进口,甚至委托一些小公司进口,而不管价格多高,不管公司损失多少利益。现在我们把进口权拿回来,自己经营,这可赚几倍的利润。我们把进出口贸易都做起来,有了茂名石化公司的货源和进口物资、设备及技术的需求,我们的进出口额很快就排到了茂名市、中石化和广东省的前列,规模效益充分显露出来。第三年,我确定了进出口额度和利润目标,比上一年增长一倍,并把指标分到了各个科室。上半年各科室就完成了目标,下半年各科的业绩都不怎么增长了。我与他们讨论业绩增长的问题,知道原来的政策只鼓励完成任务,没有鼓励创更高的业绩和效益,所以大家完成任务后,就不想干更多了。我明白了其中的奥妙,下一年度就以上年完成的进出口额和利润值为起点,业绩增加 30% 可以得到公司的基本奖;业绩增加 50% 的话,奖金增加 30%;业绩增长 80%,奖金增加一倍。总之,超额越多,奖励越高,上不封顶。此政策意在鼓励大家的积极性和创造精神,把外贸和对外引进投资搞活,做大。

经过四年的努力,我们中石化国际事业公司茂名分公司进出口量增长到两亿多美元,2005 年在全国进出口贸易额排名中位列第 26 位,跨进全国外贸百强之列,在石化系统的外贸企业中名列第一,备受广东省政府和中石化总公司的重视。

在外事处长这个位子上,外人觉得很有油水很风光,可以捞钱,可以花天酒地。可是我就是胆子小,我想着家里有贤惠的太太和两个很争气的儿子,我必须对他们负责任。这是信条,不为别的。

每次有接待任务,只要太太回家吃晚饭,我都先回家为她准备好饭菜再去陪客人,我不让她和我一起去蹭饭吃(其实她也从来不愿和我一起陪客人)。家里饭菜虽清淡,但干净、健康,也能养成良好家风。每次接待,我都尽量做到热情大方且不奢华、浪费,只管饱不许剩。有时候因为人数突然变动,饭菜剩了,我都让陪餐的人打包带回家,不能浪费。有一次,我和一位副总请一位港商吃饭,已经点好菜,那位港商又突然接到别人请他吃野味的电话,于是他和我的副总就去吃野味了,我好说歹说求酒店把饭菜退了,自掏腰包打的回家吃快餐面,这在别人看来真是大傻瓜。

由于坚持清淡可口的饮食原则和尊重他人的饮食习惯,摒弃摆排场而大吃鱼翅、燕窝、鲍鱼等名贵山珍海味、珍奇野味和特别高档酒水的土豪习气,这在当时外贸机构中是极少见的,但却很受外商的欢迎,他们如果要到茂名石化拜访或谈生意,都要打听确定我在茂名后,他们才到访。但是有一件事我却做得很周到,就是对于来访或我要到外国访问的客人,我都要详细了解他们或他们家人的爱好,用自己的钱带些他们喜欢的小礼物送给他们。这些东西虽然不很值钱,但是使他们很受感动,觉得我很在意他们的家属,很关心他们,因此与他们交朋友、谈生意都很顺利,并且买卖价格都是比较好的。

在主持外贸的工作中,我反对走私。因为我们是代表国有公司的生意,并且国家已经给了我们很多优惠的政策,按正道做生意,我们是可以有很大业绩的。如果想损公肥私,给自己搞点钱,我做不出来。因此,我的一定之规是:不走私,不贪财,不进娱乐场所,不为亲友找生意。

在中国当时改革开放的大形势下,各式人物或小丑都跑到舞台上来表演,若不谨慎,不小心辨别,就很容易上当受骗。

在我主政茂名石化国际事业公司(外事处)期间,外贸取得了飞速的发展,效益也是同行中最好的,每年上交给中石化国际事业公司过亿的利润,我没有把利润据为己有或私分,而是悉数上交。这在国际事业公司的属下分公司中是绝无仅有的,因此,很得国际事业公司领导的厚爱。我们在努力工作,别人躲在背后整我们的黑材料,危机随时可能出现。我只能洁身自保,我坚持不让亲戚朋友干预公司的经营,不让家人参与对外宴请活动,我不参加公司外的卡拉 OK 等商业娱乐活动,不陪酒,吃饭到七分饱,便叫上司机回家。家里的客厅特意挂了一只挂钟用以报时,一般来访客人在晚上九点以前必须告辞,我不愿意一些人在我家无休止地闲聊,影响我及家人的学习和工作。

　　我到外事处的另一件重要工作是茂名乙烯建设项目的引进工作。从工艺设备到施工建设都要引进外国著名的工程公司。整个项目涉及的工程量有一百多亿元人民币,工作量可想而知。虽然引进项目主谈是中石化国际事业公司和中石化物资装备部及茂名乙烯筹建指挥部的人,但是大量的外事接待和迎来送往,以及谈判安排都是由我协调。谈判进行了两个多月,没有出现任何差错,多不容易啊!

　　另一项工作是引进单点系泊(single-point mooring)海上原油接卸装置。该项目是香港金丝来国际贸易公司总经理黄悦坤先生提出的。黄先生是潮汕籍香港人,在香港有一家贸易公司,同时又与另一家香港公司合作,专门从事与大陆石化企业合作做原油来料加工,即他们从国外进口原油到国内的炼油厂(如大连石油七厂、茂名石化公司等)加工成成品油再出口到海外。这样他们可以赚取税金优惠和国内加工费较低等项的利润,茂名石化公司则赚取加工费,降低成本,同时还可以从收率差额上多得利润。这是一桩很好的生意。

　　在生意合作方面,因为人文、地理和设备能力等方面的优势,香港公司更愿意和茂名石化公司合作,但是茂名石化公司的港口条件远差于大连石油七厂,这是扩大合作的瓶颈。当黄先生得知中东某国有一套二手货的单点系泊装置要出售,价格仅一百多万美元时,立即告知茂名石化公司领导。茂名石化公司以最快的速度确定,在电白海域建立以单点系泊为龙头的原油接卸、储存、中转等一系列设施,原油直接从载重25万吨级的油轮卸到北山岭首站库区,经脱水后泵送到茂名石化炼油厂,并且成立了一家以茂名石化公司为主要股东的中外合资公司——茂名金明石化有限公司。股东包括茂名石化公司、香港富地石油公司(富地还包括英国维多公司)、香港乐天公司共四家公司。茂名石化公司的任务是建设原油接卸相关设施,我们茂名国际事业公司负责合资手续的办理、进口设备和参与合资公司的管理。合资公司由茂名石化公司总经理任董事长,茂名还出两位董事,我任董事之一。外方出一位副董事长和一位董事。这是茂名石化公司最成功的一个对外合资公司和投资项目,也是国内第一座二十五万吨级单点系泊原油接卸码头。其优点是投资少见效快,解决了当时茂名石化公司原油来源的瓶颈问题,提高了茂名石化炼厂的加工能力,也就提高茂名石化公司的经济效益。后来,该项目获得国务院重大技术革新奖,这个项目至今三十多年依然在运作。

我的又一件得意之作是开拓越南成品油市场。大概是1994年的九十月份,有一个电话打到我办公室,说是越南国家石油公司有几个人要到茂名找我们合作,希望能见面谈谈。越南国家石油公司要到茂名石化公司来谈合作事宜,这是茂名公司破天荒的一件大事。因为涉及对外贸易,我们能不能和越南的公事做石油贸易,必须由上级说了算。经过层层请示,领导同意以我们中石化国际事业公司茂名分公司的名义与越南石油公司接触。我们立即组成谈判班子,人员组成除我们外事处的工作人员外,还包括茂名石化公司计划处、销售公司和财务处的工作人员。我们确定以茂名石化公司驻香港公司做原油来料加工,成品油出口越南的思路,与越南方面谈合作并达成了共识,很快做成了生意。由于越南也在改革开放,国际形势迫使他们倒向中国一边,再加上地域的优势,茂名石化公司离越南最近,促使我们与越南石油公司的贸易迅速发展。没过多久,我们在河内设立了代表处,为了使贸易做大又合规合法,应越方的要求,我们请越南石油公司代表团到北京访问中石化总公司,盛华仁总经理和闫三忠副总经理以及中石化外事局的领导接见了越南石油公司代表团,谈了长期合作,并把茂名石化公司驻河内代表处升格为中石化驻河内代表处。从此,中国在越南成品油市场占据了一席之地,茂名石化公司也从与越南石油的合作中取得了很好的经济效益,这也造就了1995～1997年茂名石化公司经济效益最好时期。

另一个重要的对外合作项目是代表中石化与泰国石油和泰国正大集团的合作。泰国正大集团是潮籍泰国人谢易初老先生创建的公司,在中华人民共和国成立初期,他们在潮州地区收购黄芽白菜籽、萝卜籽和卷心芥菜籽运到泰国销售,生意不是很大。他们在泰国经营养鸡场,这些养鸡场都在偏僻贫瘠的边远农村地区,土地不值钱,但是面积很大。到了二十世纪八十年代以后,整个东南亚地区经济腾飞,特别是泰国发展更快,到处建工厂和大楼,土地升值几十甚至上百倍。很快,正大集团已成为泰国华人富商的佼佼者。他们除了保住在养殖业的霸主地位外,还信心满满地谋划进军电讯业和石油终端销售。电讯业是他们国内的生意,而做石油终端销售一行,他们把泰国石油联合到一起,同时他们也看到中国这个大市场,希望进军中国市场。他们一起先后找到各级领导,一层层批下来,最后项目确定在中国和泰国各建100个加油站。中石化总公司领导认为茂名石化公司在改革开放方面最活跃,因此与泰方的合作就交给中石化国际事业公司和茂名石化公司具体操办。泰国的合资公司由谢国民任董事长,中石化国际事业公司由祝耀宾副局长出任副董事长,我为董事。中国的合资公司由茂名石化公司总经理柯居涯任董事长,正大集团出一位副董事长,我依然任董事。开始大家劲头都很足,可惜不久赶上亚洲金融危机,亚洲各国经济低迷。不论是在泰国还是在中国的广东,市场都不好,这就是开局不利。此外,该项目在泰国挤占泰国石油的市场,在广东又挤占广东省石油公司和各地方私营油站的利益,公司遇到的阻力之大可想而知。还有一个问题是,该项目董事会的董事们对于加油站业务不熟悉,而各个公司的管理人员都是临时招进来的,有的是各股东领导的亲朋好友或老部下,是准备来享受生活的,少数基层工作人员不知从何干起,凡此种种,不一而足。所以,开会时,大家都说得好好的,很光鲜,会后却没人做事。公司成立一年多,连个像样加油站的影子都没有。当时广东省正在规划高速公路建设,如果能够认真与广东省交通厅合作,在高速公路的休息站处设点建加油站效益会很好的,但管理层没有这样决策,而是到原来的普通公路边建了三四个加油站。加油站的生意很淡,基本处于亏本状态。再过了一年多,只好宣布歇业清算。同样,在泰国提出建乡村流动加油服务和建加油站也以失败告终。最后合资公司在1977年清盘,宣告失败。

在20世纪90年代大改革大开放的热潮中,大家凭着一股热情搞合资项目,有的是上级领导安排下来的,有的是我们自己脑袋发热,经不起别人的甜言蜜语和诱惑就组建合资公司。比如,南非蜡烛厂、茂名蜡烛厂、广西北海贸易公司、珠海恒威贸易公司、中山海虹制衣厂、四川广汉贸易公司,等等,这些项目全都失败了。失败的经验和教训是:自己不熟的行业不能做,不负责任的人不能用,心术不正的人更不能用——他们满脑子想的是为自己捞钱和好处,而不管公司的亏损乃至倒闭。一旦公司出现一点风吹草动,他们不是想方设法把公司救活起来,而是传播负面消息,唯恐天下不乱。

我于 2000 年 12 月底因为身体原因提前退休。退休后一边休养,一边熟悉宏川公司的情况。我发现宏川的许多业务是自己退休前二十多年一直为之拼搏的事业。如果加入宏川,我不但可以发挥自己的余热,还能为国家做出更大贡献,实现人生价值。于是我毅然加入宏川集团,被聘为宏川集团的总工程师,为宏川石化仓储事业贡献余热。

第五卷

创建宏川智慧液体化工仓库

老骥伏枥，志在千里；人虽退休，壮心不已。

一　筹划建设宏川库区

　　二十世纪九十年代初期,中国国内改革开放处于蓬勃发展期,化工产业也得到快速发展,液体危险化学品仓储业处于起步阶段。那时候化工产品需求量不大,品种单一,一般用轻质油品库就能应付得了。而优质化工品的储存就只能靠桶装转运,这样运输成本几乎占货值的三分之一至一半。当时,广东省正处于大改革大开放时期,优质化工品的需求量可以说是呈爆炸性增长,进口液体化工品是一项利润很高的生意。新加坡人抓住这个商机,立即在深圳蛇口建设一座"乐意化工库",生意异常火爆,每立方米库容每月的租金是 100 美元。这 100 美元按当时的官价汇率折合人民币是 1 000 多元,把进口化工品的利润砍去一半。这还是正常情况,有时候库容紧张,每立方米的租金涨到 120 美元,那更可怕了。紧跟其后的是广东省的粤海集团在广州市的番禺市建设粤海库,当时的租金是每立方米库容 70～90 美元,利润的丰厚并且稳定是贸易所不能比的。而且由于加工业的迅猛发展,化工品的需求量也快速增加,经常出现一罐难求的局面,这样就严重地影响了石化产品的贸易,想扩大贸易额,抢价格变化时的盈利机会都是空想。再就是石化库在深圳和番禺两地,它们并不是液体化工产品的主要使用地。化工品的主要使用地域是以珠江东岸的东莞和广州的增城、惠州地区,在东莞建设液体石化品接卸码头和仓储库区应该存在巨大的商机。这是海川在 1998 年就萌发的想法。

　　1998 年秋天,我出差路过东莞,海川让我和他一起去考察虎门大桥旁的一块山坡地。该地块有 100 多亩面积,离珠江口只有 300～400 米,旁边已有华润的一座油库。从地理环境和交通运输条件来看,那是建设液体石化库很理想的地方。但它又是守桥部队的地界,不能挪为他用,只能作罢。

到2001年年底,宏川公司完成了从租赁办公室搬迁到自建的虎门宏川大厦之后,海川又重提建设仓储基地的议题。海川的性格是若不经过深思,就不会提出项目。项目提出来了还必须认真地调研、比较,同时也听取专家和有实践经验的行内朋友的意见,经过反复论证才下定决心启动。

从2002年年初开始,几乎每个星期天,海川、海川的妻子阿玲和我(有时是赖海波和张建军)都要开车到珠三角可以建设码头的地方调研。东到惠州港,西到新会的崖门,还有广州、顺德、鹤山、中山和东莞市各处可以建设码头库区的地方考察。在朋友的帮助下,历时半年,我们收集了所到之处的地理、经济状况和开放政策资料,为我们建设码头选址做了充分准备。最后确定选址在东莞市的麻涌镇淡水河北岸的漳澎村。

漳澎村所在的地点是一块熟地,清代已有先民在此居住农耕。地块紧挨淡水河边,下游侧已经建设了一座广州市固体危化品码头,当时是打算做烟花爆竹出口的专业码头。由于该码头是专供烟花爆竹使用,危险性极高,村民强烈反对。码头虽然已建成好几年,但就是不能用,镇里建议我们用这座码头。码头的上游不远处正在规划建设恒大钢铁厂码头,而下游是广东省的粮油码头和仓库用地。这样的地段建设液体石化码头条件应该不错,该地块面积约120亩,可以建设10万立方米的储罐区。在当时来说,规模和投资也是我们可以承担的。库址已经选好,村、镇政府都同意,合同也签订,我们交了两百万元人民币的定金后就开始做可行性研究,村里还开始砌边界围墙和填土等各项准备工作。

我们了解到,在广东省做商业油库设计的单位只有广州市的广东省石化设计院,他们的作品是广州小虎岛粤海库。有了这一经验就能驾轻就熟,所以我们直接找到当时的项目负责人苏伟英工程师。经了解,当时他们设计院任务不饱满,等着事情做。按照苏工的指引,我们找到了技术副院长张宏。与张宏副院长见面聊起来,发现他是我在茂名石化高润公司的老同事李亮耀在茂名石油学院的同学,因而相谈甚欢。我们很快达成合作协议,完成可研报告后立即报送麻涌镇政府正式立项,然后往东莞市政府发改局送审。这时市里传出话来,漳澎村周围地块已被市政府规划作为省和市粮食码头仓库用地,不得挪作他用。东莞市规划的化工码头和库区用地在珠江支流淡水河北岸,市里已经成立了虎门港管委会筹备小组,在做相关筹备工作。我们刚刚在东莞市立足,公司是一家民营小贸易公司,名不见经传,建石化库,谁信啊?所以我们到处吃闭门羹。为了项目的立项,海川跑腿求人,比别人多费了几倍的功夫。

我们开始的困难是选址问题,虎门港管委会安排我司库区的地址是茂生村地块。该地的中间是一条排水河涌,宽有二十多米,深约 7~8 米,长近400 米,如果把河涌填平,建库时间则需要增加 2~3 年,费用也随之增加几百万元人民币,这是一大困难。第二是,这块地里面还有十几户人家居住和十几座坟,让这些人家和坟堆都搬迁几乎可以说比上天还难,可能几年都没有结果。第三是,如果我们在这个位置建码头,从珠江主航道到淡水河我们码头位置之间,还可再建一座码头,那么我们码头建成以后,必须为他人花钱挖航道,我们还只是淡水河口的第二码头,变成先开工建设一个受他人制约的窝囊码头。再有,根据风水学观点,如果能把码头位置往下游移动两百米,正好是淡水河口,河水涨潮退潮,可吐纳珠江主流之财,是一大利好。因此,经过我们多方努力,最后把码头和库区的位置确定在淡水河口东岸的位置。

当我们正努力争取建设码头的权利时,立沙岛地面也正上演激烈的码头位置和土地使用权争夺战。在珠江主航道,已经有中海油在 5~6 年前就确定的油码头和约 400 亩土地的后方库区,正在建设中。紧跟着是东洲库和码头,他们也是 3~4 年前就已经确定的项目,已经吹沙做好地平,由于合作的各公司内部交易产生矛盾而被搁置。再往北是东莞阳鸿的 700~800亩地,他们将建两座八万吨级码头和两座各 100 万立方米库区,是立沙岛上最大最有实力的投资商。往上游依次是百安公司的 500 米岸线和 800 亩地库区、九丰液化石油气码头和库区、孚宝联新库区。在淡水河支流是我们300米岸线和270亩地;还有隔250米的上游是约600米岸线和700亩地的海湾库区。

这几个码头库区的筹建工作几乎是同时开始的,但是条件极不相同。别人是实力强,资金足,起点高。比如东莞阳鸿吧,他们一开始就有柯居涯(我的老领导)这样一位厅级干部领头,有一个原来中石化退下来的部、厅和处级干部组成的智囊团队,各岗位配备齐全,还有几台小汽车,到政府各个部门办事都能得到优待。百安公司也是在东莞是数一数二、实力非常雄厚的公司。而我们白手起家,我是总负责人,下面有张建军、赖海波等。我们公司没有专车,用张建军的东风起亚悦达车和一台半旧丰田皇冠车,很不起眼。第一次到广州四航局港湾设计院谈设计方案时,保安不让我们的车进设计院,车只能停在马路边,人进设计院。我们的筹备办公室没有像样的房子,租用虎门港管委会的三间小办公室和一间会议室,我和付总合用一间办公室,张建军和赖海波合用一间,财务和打印室合用一间,非常拥挤。我们又租用了一套居民房当宿舍用。我们人穷志不短,以我们的热情、勤奋和诚实待人,赢得了各方的赞誉和支持,工作也随之顺利开展。

筹建仓储公司第一步是注册公司,需交足注册资金。当时注册资金是500万元,其中包含300万元人民币和200万港元,公司只凑够200万元人民币,还有100万元人民币和200万港元没有着落。我正为注册资金的事犯愁。

一听说我们虎门港开始筹建库区和码头,各路供应商、安装工程队纷纷找上门来,每天办公室人来人往,络绎不绝,好不热闹。浙江温州市良精集团广东地区销售经理姜育勤先生到办公室来推销阀门,我正在为注册资金的事心烦,就没好气地想把他轰走,他却坐了下来和我聊开了。得知我在为注册资金的事发愁,就说他可以借100万元给我们,但是归还期是一个月。

为了支持海川的创业,絮吟清理了全家二十多年来的全部银行存款,凑够了40多万元——这是当时我们家的全部积蓄。注册的港元是这样解决的:我与建军谈到港元还没有着落,他说他原来有一位香港朋友林崇庆先生,是做工程的,林先生小有些余钱,他们在交往中虽没有生意往来,但林先生常夸林总(南通)是个好人。由他出面试试,看看林先生能否帮这个忙。张建军打了电话,林先生答应帮这个忙,但钱必须在一年内归还,不计利息。多慷慨啊! 没几天我就收到他的电汇款项。注册资金到位,东莞三江港口储罐有限公司很快注册。我们在九个月后准时归还了林先生的借款。

二 建设东莞三江港口储罐有限公司

公司已经成立，下面的工作是如何起步。首先是公司的架构，由于当时公司正在起步阶段，考虑到工作需要和人员情况，机构核心领导层设置如下：董事长兼总经理林海川，我任董事兼总工程师，张建军为经理，还有几个办事员。仅此几个人要建设这么一座大型石化库是不可能的，所以朋友建议请一些已经退休的原茂名石化公司干部来当公司副职。这个队伍中的每个人，不管是谁，现在都已经转换了角色，我代表投资方，是老板。其他人都是雇员，虽然是原来的人，但是转换了角色，利益发生了变化，思想也随之改变，这是我过去几十年工作经历中的经验和教训。海川既然让我管理这个公司，我必须利用几十年的管理经验，管好这个公司的人、财、物，把东莞三江公司建设好。

2004年2月初，东莞市国土局把土地证正式交给我们，我们立即与沙田镇国土所联系画出边界线，然后砍去地面上的香蕉林。由于预先对岛上居民做了细致工作，又是第一个开工的项目，居民们对我们很支持，村主任刘炳坤先生带头来帮我们砍香蕉树。不到十天时间，地里的香蕉树已被全部砍光，但是如何处理砍下来的香蕉树是一个大问题。如果让香蕉树在地里晒干烂掉，非几个月甚至半年以上时间不可，那我们就白白浪费了这段时间。如果堆在地边，要占很大的地面，这二者都不便执行，后来刘先生说由他们村处理。

用地的问题解决了，现在是必须迅速吹沙，把地平提高1～2米。270亩地填砂2米厚需要270×666×2＝36万立方米的海沙，这是一个巨大的工程。

工程量虽大,但是没有多少技术含量,只要得到沙源,租用一些运沙船,工程就能做起来。这时潮州水利的李耀煌先生通过虎门港的关系来揽这项工程。经过讨价还价,最后泥沙以每立方米16元的价格成交,同时在吹沙前由他们组织整个地块的地质勘探工作。

岸线确定后我们立即开展码头的可行性研究工作,由中交第四航务工程有限公司(简称四航局)港湾设计院负责。由于当时国家正处于经济调整期,上马的工程很少,所以设计院吕卫清院长、黄小鹭副院长一起亲自为三江工程出力。在做可研时发现淡水河是新修的河堤,不牢固,它会随着河水涨潮退潮进退5~15毫米。这是一个极不安全的因素,必须把河堤固定好才能修码头。设计院调来河堤处理专家陈双华工程师(后来升任设计院副总工程师)做河堤加固处理设计。对立沙岛河堤加固处理我们是第一家,后来各家码头都是应用这个技术做同样处理,不处理就建不了码头。

得知我们正在筹建码头,中交第三航务工程局有限公司(简称三航局)深圳分公司驻东莞市的代表杨青找到我们,希望工程交由三航局驻深圳公司施工。三航局是国有大公司,国内的很多码头(特别是华东地区万吨级码头)都是他们建造的。由于他们是新到广东来开拓市场,了解他们实力的人不多,再加上当时国家正处在经济调整期,项目难找,因此他们很愿意接我们三江码头这个项目。我们与三航局驻深圳公司总经理王伟先生几次气氛融洽的谈判后,他们报出了比其他公司低得多的价格和只收50万元定金即开工建设的极优惠条件,双方签订了合同后,派贺照伟先生当项目经理。贺经理虽然年轻但工作认真负责,也能团结下属员工,大家干得很开心,因此码头工程按时、优质完工,被评为优质工程。码头从谈判、开工到工程完成验收,没有回扣,没有请吃饭,一切按合同办,清清白白,干干净净。我对三航局第三工程公司的王总和贺经理敬佩有加,他们也很尊重我,工程完成后大家成了好朋友。工程结算与预算很接近,结算价为9 800万元。在建设期间,这笔钱对我们公司来说是一个很大的数目,别人可能会以种种借口拖欠,但是我在码头建成后一年内就把钱全部结清。这就是林南通和林海川的为人,这就是宏川集团的品德。

库区的设计也是一件大事。根据广东地区商业库的情况,除去深圳的乐意公司(新加坡籍商人)化工库外,就是广州市小虎岛的粤海库。粤海库是广东省化工设计院的处女作,也是最大的专业库区,库容约 15 万立方米。他们库的特点是单罐的容积不大,罐数多,适合我们这种码头吨位小、品种多的液体化工库。同时,他们已经使用公共管线和转换坑的先进公共库的模式,我们未来库区的模式应该如此。设计院的苏伟英工程师是原来粤海库的项目负责人,她很愿意帮我们设计这个库区。我们又找到设计院副院长张宏,张副院长同样很乐意帮这个忙,因为熟门熟路,不太费事,苏工和经营科谈好设计费 120 万元,我们答应了。到最后签字时,另一位副院长要求设计费为 200 万元,我觉得这是坐地起价,敲竹杠,我们最后把合同作废了。在当时经济不景气,基建处于低潮的时候,有项目给设计单位应该是很受欢迎的。随即我们请朋友推荐设计单位,于是被推荐的有国内顶级设计院——中石化洛阳设计院,也有普通的设计院——茂名石化设计院;还有托人找上门的,以及从来没有做过石化项目的广州轻工设计院等五六家设计院。最后选择我们洛阳、茂名和广州的三家设计院的方案和设计费进行比较。评选方案的专家是几位老朋友:茂名设计院已退休的张仲录,高级工程师;茂名石化设计院总工邝瑞英,高级工程师;茂名石化设计院工艺室主任,刘慧珍,高级工程师。其中张仲录是我的老乡,刘慧玲是我的同学。通过设计院代表对设计方案的介绍,我们认为洛阳设计院的方案最好,茂名院次之,轻工院方案不能用。在设计价格方面,茂名院提出 180 万元,洛阳院提出 600 万元,低于 450 万元不做。我们给洛阳院 300 万元的底价。他们认为给的价格太低,不好谈,也就放弃了。由于当时对知识产权不重视,洛阳院没有收回他们的总平面图和设计说明资料。广州轻工设计院的设计费只要 120 万元,但是由于没有经验和缺乏公共液体库基本的概念,他们给出的方案太差,土地利用率极低,270 亩地只能建 10 万立方米的库区,这是何等的浪费啊!后来我们与茂名设计院以 180 万元的价格合作。茂名设计院也是甲级院,有石化生产设计的经验,他们是茂名石化公司内部的设计单位,没有商业石化库的实际经验,在后来设计过程中工艺流程和设备的选型方面存在许多缺陷,需要我们自己整改,否则会造成投资的浪费。

工程监理单位是茂名国信监理公司,也就是原来的茂名石化监理公司。该公司当时已经改制为民营公司,总经理叫李文。他是原来茂名石化监理公司的总经理,以前在茂名石化工作时我们有过交集,也算熟悉。他们要做整个工程,包括库区、码头、航道和宿舍等全部工程的监理。经过几经接触交流,我们决定由他们来做工程监理。他们派出以曾爱祥为总监理的5～6人团队。曾总有比较丰富的基建经验,又很认真负责,在建设过程中提了许多合理化建议,给我们节约了大量资金。我坚决支持他,他在三江码头的建设中起码为我们节省了上百万元的投资。

由于对工程管理毫无经验可言,对工程队的情况不了解,工程队也不愿意拿出大笔钱来为我们代垫材料款和工钱,所以我们只能把工程拆分成若干个小的分项给他们做。打桩给了沙田镇福华工程公司,储罐承台包给了中国十五冶金工程公司。此两项工程都花费大量的资金,如果不付给材料供应商资金,他们就不供应材料,这样就会造成工程停工。一旦出现这种情况,不论是经济损失还是社会影响,都是巨大的。在这之前,海川已经充分预计到建设库区对资金需求的巨大压力,他通过各种渠道争取银行贷款。在当时的条件下,社会对民营企业存在诸多偏见,就是不肯把钱借给民营企业。我们已经与工商银行有过几千万元人民币的借贷关系,我们的信誉也很好,但是他们还是不肯贷款给我们建码头库区。有朋友介绍建设银行、上海浦发银行等,我们最后都被婉言拒绝了。农业银行同意贷款给我们,条件都谈妥了,但是上报审批时,被告知农业银行正在审批上市过程,不批贷款项目。最后是广东发展银行同意贷款给我们,这是多大的惊喜啊!因为他们是广东省的半民营性质银行,思想观念更开放一些,理解民营企业的难处,相信民营企业也是讲信用。他们批了6亿元的长期无抵押贷款给我们。虽然如此,但是在发放贷款之前银行还有一个小小的附加条件,就是每个星期五下班前我们必须把该周的工程进度照片发给他们,以核实我们工程的真假。为此,每周五下午两点钟,我都拿着手机到工地拍照。淡水河码头工地竖着一台大型水上打桩机,旁边是矗立在淡水河里已打完的直径 1.2 米的预制桩,库区的地坪上矗立着六台陆上打桩机,已有几个罐的基础完成打桩,预制桩长长短短参差不齐矗立在地面上,它们都显示工程在进行中。我准时把这些照片发给银行相关人员后,即打电话报告工程进度。这种情况维持了大约两个月后,我邀请广东发展银行的工作人员到工地来了解情况。他们看到码头和储罐的桩基及部分储罐承台已经完成,库区已初具规模时,高兴地说:"没想到你们是真干,建设速度这么快。"此后,他们便不再要求我们每周发照片给他们审查了。

码头库区的巨大投资,基础投资是钢筋和混凝土,储罐和管道是钢铁,这些都是钱堆成的。特别是当时国家的经济形势还不是太好,建材(包括水泥、钢筋和钢板)都在高价运行,并且一般都要求现金交易。因此,资金的压力是巨大的,虽然有银行贷款,但是也必须精打细算地使用,以避免资金链断裂造成严重后果,这是作为总负责人最大的压力。解决资金压力问题我有三个法宝:一是海川在银行树立的良好形象,银行信得过我们,认为资金在我们手里不会产生坏账,因而愿意贷款给我们。二是工程队和供应商对我的信任,他们认为给我做工程一定不会赖账。在当时的条件下,他们为了自救保存队伍,都是自带启动资金把工程先动起来。与三航局相同,中国十五冶工程公司提供近千万的启动资金先动工,两个月后我们开始付进度款。广东化州市建筑工程有限公司更是投进六千万的资金,承担从土建、水电到控制设备的大部分工程。而温州良精集团也提供了一千多万元的阀门等设备,这些工程公司和供应商都给了我们极大的支持。第三个法宝是精心谋划。工程质量水平高,力求实用,投资还必须节俭,说白了就是俗语既"悭钱又旺血",这是我花费精力最大的事。这段时间一方面我需要学习大量的各方面知识和技术,另一方面又必须调查市场上各种材料的性价比,深入现场了解工程进度和质量情况,来不得半点的马虎。基于这种情况,我奔走于设计院、材料市场和工地之间。由于刚刚起步,交通工具、办公条件不好,我们只能在库区附近的大流村租一栋小楼做办公室、宿舍和伙房,大有二十世纪五十年代国家搞石油开发会战时的情景。大概一年后,由于过量的工作和较差的生活条件,休息也不够,我的身体变得很差,几次突然晕倒过去。在工地我感到腿发软,无力支撑,也不管地下多脏,索性就地坐下来,避免倒下时脑袋碰地造成更大的伤害。更严重的一次,有一天中午休息时间上卫生间,我突然眼前一黑就晕了过去,身体直直向后倒地,头碰在门上发出巨响,惊动了隔壁办公室休息的黄韵涛副总,他跑来把我扶到他办公室坐下休息。怕海川为我担心,我叮嘱他不要声张,但阿涛还是立即告诉了海川。海川第二天给我配了一名刚毕业的大学生给我当秘书兼健康监护,并通知全体员工关注我的安全。为了家庭和宏川事业的发展,我只得完全按海川的要求安排工作。

整整 3 年的艰苦努力,到 2006 年底,东莞三江公司的码头和一期库区工程已经完成了 90% 的工程量,看到了大好的前程。下一步工作是组建经营管理团队,商务团队是以黄韵涛为首,加上黄正坤等人。操作团队是以李德龄为经理,配备几名据说有油库管理经验的员工。HSE 部以钟燊辉为经理和新招来的罗康仲任他手下的班长,培养保安员。整个三江库区从管理、商务到安环各个职能部门总共七八十人。

由于是新库区、新人,加上员工的素质参差不齐,要把这支队伍训练成能够扛起库区经营重担,立足于竞争激烈的化学危险品仓储市场的路还很长。从我以前创建南海高级润滑油公司和中石化国际事业公司茂名分公司成功的经验看,最重要的是抓队伍的建设。我们找来了原来中石化岳化厂和茂名石化公司的操作规程,再加上东莞石东库的规程为蓝本,由李德龄培训操作工,罗康仲培训保安员的纪律和保安知识,我讲解化学品的安全特性。我要求学员练习写正楷字,做记录,每星期写三篇日记(或抄三篇短文)交给我。我对每篇日记都一一批改和点评,目的是了解员工的文化水平和工作的态度。同时,我又买了几台电脑让员工轮流上机,熟悉电脑操作。我还让黄宇亮主持编写了码头专用英语小手册,让员工学习一些简单的码头作业实用英语,便于在接待外轮时与外籍船员沟通。在培训员工的同时,我们制定了一系列的操作规程和制度,我们的目标是建立一个国际上一流且规范的液体危险化学品仓储企业。

纪律是一个集体能够正常运转的基本条件,我们制定了一系列的规章制度和纪律。从招新员工开始就强调纪律,从总经理到普通员工,人人必须遵守公司的规章制度和纪律。在基建时期,库区没有围墙,而附近的村民还没有搬走,库区周围都是甘蔗地和香蕉园。秋天正是甘蔗收成的季节,我们的新员工和工程队工人到村民地里偷甘蔗吃,村民意见很大,到公司门口骂街,声称要到港区管委会投诉我们。我知道情况后,让办公室人员到宿舍逐个检查,发现偷甘蔗者一律罚款500元(当时员工的月工资才800～1 000元,市场上一根甘蔗1～2元钱),一共罚款6 000多元,这笔钱直接由办公室交到村民手里,这才平息了村民的怨气。偷吃甘蔗的人中有一个是我的侄孙,他同样交了罚款,因而大家没有怨言。此后再也没有偷盗和损害村民利益的事件发生,三江公司形成了风清气正的好作风。我这个侄孙经过这次事件后改变了很多,工作认真,也肯学习了。几年后,他被评上了三江公司的先进工作者,还晋升为技师和HSE的负责人,真是翻天覆地的变化啊。

赌博也是我一生最深恶痛绝的恶习。由于库区人员来源复杂,素质偏低,一些员工有嗜赌的恶习,这使我十分恼火。我请当时的办公室主任钟燊辉严查赌博,查到赌博者立即处分,严重者开除。即便是这样,有些人还是屡教不改。有个炊事员,没有文化,没别的爱好,就是喜欢赌博。我让办公室劝他几次,依然恶习不改,最后只能把他开除了。还有个别领导不但自己赌,还设赌局,骗底下员工的钱财,使员工的心态不稳定,我们坚决把他炒了鱿鱼,以绝后患。此后大部分人戒除赌博恶习,应该说在立沙岛三江公司的风气是最好的。

再就是治理劳动纪律松散的问题。刚进厂的年青人,没有纪律观念,愿意怎么干就怎么干,晚上玩通宵,白天边干活边睡觉,或想来就来,不来也不请假。我的一个侄孙沉迷于玩电子游戏,往往一玩就是通宵,白天上班时没精打采,甚至站着开阀门都睡着了。我们库区是高危险作业,一个动作差错都会造成严重的后果,不但会造成人员的伤亡,也会给企业带来无法挽回的损失。公司对他苦口婆心教育无效,我们断然把他开除了。另一个本地的青工无故旷工5天,经他父母和我们教育无效,只能劝其退职。经过纪律教育、劳动纪律检查等一系列的活动,库区形成了良好的工作作风。

根据我以往管理企业的经验,办好企业的关键是骨干队伍的建设,于是公司决定引进一些有管理经验的人才。首先是引进附近最早经营的广州番禺粤海库的骨干。经朋友介绍,我们决定引进粤海库的操作经理陈世新。后来,他又介绍了手下的几个熟手操作工过来,这样便于工作,也是顺理成章的事情。这件事刺激了当时的操作部副经理,他趁新会市有一个小油库开业的机会,与该库老板谈好,要带着他的一些老乡到新会库就去就职。他们共有十几个人,全部在操作部,占操作部人数的三分之一以上。一旦被他策划"哗变",操作部就会瘫痪。得知这个消息,我思考着对策:如果承认他们的合法性,并给他们提高工资和各种待遇,那样的后果就是以后操作部必须任他们摆布。如果任由他们辞职,由于是他们炒了老板的鱿鱼,我们不必给他们任何补偿,但是我们必须在这些人走后把工作顶起来。最后,他们走了七个人,公司照常运作,只是人手紧一点而已,没有丝毫损伤。我们度过了第一次风险,公司的运作更加顺畅。一年后,新会库多次开汽失败,我们操作部集体辞职的那七个人没法在那个库待下去,只能作鸟兽散。

在接第一船油之前,我反复强调工作要细致,特别是储罐和管道一定要干净。可是当时操作部的两个负责人把我的话当耳边风,马虎应付,虽然进油较顺利,可到装车时问题就出现了:装车管道没有吹扫除去铁锈,过滤器被铁锈堵死,物料送不出,泵被憋死。停泵检查后我们才知道装车线没有清理干净。我心里明白,这不是技术问题,而是责任心的问题。

由于立沙岛没有可加温伴热的不锈钢罐储存苯酚,客户急需租用我们公司的两座不锈钢保温罐储存苯酚,当时操作部领导对化学品根本缺乏常识,未对储罐彻底清洗,贸然进货,造成货物污染,被货主要求索赔。更令人无法容忍的是,这位领导不学习新知识,当时库区在做开汽准备,变电所需要搞卫生,他居然提出购买一只"皮老虎"。皮老虎是 20 世纪 20～30 年代没有电吹风或电吸尘器时给精密仪表吹风除尘搞卫生的工具,在 60 年代早已经淘汰了。后来我要到了他看的书,发现那是 20 世纪 50 年代的教科书。由此我认为他不具备当精细化工库区经理的严细精神和业务素质。他也觉得混不下去,半年后我批准他辞工。

经过紧张细致的准备,我们认为三江港口储罐有限公司一期工程已经具备投产的各项条件,我们向虎门港管委会提出一期工程试生产的请示。管委会领导为了达到轰动效应,希望我们等一等,等到年底与另一家公司一起办庆典,那样对周边地区可产生更大的影响力。我认为两个公司一起搞投产庆典对该公司有极大好处,而对三江公司极不利。原因有二,一是两家公司是同行,另一家公司的码头和库区规模都比我们的大,影响力也比我们大很多。很多客户是相同的,客人会选择参加他们的庆典和参观他们的库区,而不会到我们三江公司来,这样我们的影响力就等于零。第二是我们三江公司经过全体员工的艰苦努力已经建成并且反复演练,士气正高,这时开业接船,可以鼓舞士气,压压那些看不起我们公司的人的气焰。经过努力争取,虎门港管委会同意 2007 年 9 月 28 日东莞三江港口储罐有限公司开业生产。

2007 年 9 月 28 日,风和日丽,上午十时,典礼开始。东莞市副市长兼虎门港管委会主任邓志广、虎门港常务副主任刘宁和政府各主管部门代表、参建单位代表、客户代表,以及我们三江的全体员工,共 400 多人参加三江港口储罐有限公司开业庆典。庆典由海川主持,邓副市长致贺词。在副市长致贺词后,海川宣布靠船作业开始,顺利靠泊了一艘 5 000 吨级油轮,全体员工都沉浸在胜利的喜悦中。

顺利接卸第一条船后,一直等了一个多月才接到第二条船,这是多么艰难的等待啊!

一期投产时,我们已经建设了码头和四座库区共 10 万立方米的库容,还有配套的装车台、消防设施和小产品的 3 座桶装库房等,出租率达到 70%。

但是总的看来,我们库区依然还是一个小库区,成不了大气候。若想在市场上能够参与博弈,必须尽快把余下的四座罐区 15 万立方米储罐建设起来。虽然库区进船还少得可怜,但我们决定启动二期库区的建设。

二期库区的建设比一期要复杂得多。主要是边生产经营边扩建。因此必须分好工,搞好配合。经营必须快速提升,生产和安装必须安全,资金要跟得上。为适应新的形势,集团组成以海川为首的工作小组,黄韵涛和黄正坤负责商务营销,就是把罐租出去;陈世新负责生产安全;我继续完成未建的储罐设施建设。依然是每星期一次例会,起协调作用。到 2008 年 9 月份仓储市场出现了大逆转,过去是求客户租罐,现在是一罐难求,罐还没有完工,就有货主上门预订,我们加班加点抢出罐来满足客户的需求。

事情都是一分为二的,生意红火给我们带来了压力,也给我们带来了巨大的动力。宏川公司上下一条心,一股劲,一个目标,共同努力,做大做强。贸易板块拼命赚钱,支持三江公司的建设。2009 年元旦,宏川集团搬进松山湖新办公楼,这意味着宏川集团正昂首阔步地向现代化的企业集团迈进。三江公司在短短的五年里探索出一条石化库从基建到经营的新路子。这时海川又正在酝酿一个更大胆的仓储物流计划。

三 收购太仓阳鸿库区

海川是一个商业行家，他总能够及时地把事业向前推进。

就在三江库区生意红火起来时，海川已经看到未来液体仓储业的巨大商机。他从朋友处得知东莞阳鸿库的老板准备卖掉立沙岛的库区项目时，不失时机地提出购买那块库区用地，在立沙岛再建一个规模更大的石化码头和库区，实现规模化经营。我们父子在一起谋划如何收购东莞阳鸿石化库区400亩地和300多米岸线的事。

东莞阳鸿石化库区的老板黄少群先生是新加坡籍华人，约50岁，祖籍潮汕揭西县，我以前在茂名石化公司做外事工作时就和他比较熟悉。其东莞公司总经理柯居涯是我的老领导，我们的关系也比较好，当年他落难时我还经常关心他。因为这些因素，一开始我认为购买阳鸿库区的事应该好办。不料我找到柯总时却碰了一个软钉子，他很委婉地说，公司转让的事由韩总、赵总负责，他帮不上忙。韩总我没打过交道，但名字还是很熟，相信他也听到过我的名字。赵总原来是中石化国际事业公司驻香港的代表，后来到阳鸿公司。经初步接触后，2009年年底海川和我到阳鸿广州的办公室去拜访他们。那天是我们第一次正式见面，寒暄后各自介绍本公司情况，虽不算十分投机，也还客气。

没过几天，赵总自己到三江公司来谈合作之事，看来他们是很着急的。在这期间，我找了柯居涯说明合作的诚意，但他给我的答复还是模棱两可，说帮不上忙。既然如此，我们就自己努力吧。我们认真地做实际调研，包括航道情况、手续的进展，以及为什么他们的实力比我们雄厚，项目启动比三江公司早,但我们已经建成投产,而他们手续却还远没有办妥,整整拖了八年!从分析中我们得出的结论是:(1)他们并非真心在东莞建库,而是想靠拿地转让赚钱。(2)柯总等决策人物的思想陈旧过时,跟不上形势。这一点,在与柯总的接触中我已经多次提醒过他,他不以为然,我就不再吱声。谈了几次后,对方通知我们,油库已经卖了。我觉得很蹊跷,谈得好好的,怎么说变就变呢?我不禁在心里暗骂。转眼到了 2009 年年末,赵总又来找海川,提出把华东的太仓阳鸿库转让给我们。

上次东莞库区转让合作没有成功,期间我们又做了很多的工作,对于赵总来说心里是有愧的。这次的合作已经不是韩总和赵总为主,而是另一位负责人袁女士。为了这次太仓库的收购调查,海川在春节前到中国香港购物时就给我买来了一件中大衣、一件厚厚的双层毛背心和一件薄一点的毛背心,真是全副武装。公司也开始了认真的资料调查工作,目的是对太仓库有一个整体的认识,分析是否有收购的价值。为了对太仓库有客观评价,我们一行从深圳飞上海浦东机场。参加调查工作的有海川、我、李军印、方勇智、三江公司副总工程师冯森高工和吕立新,我们大概在中午十一点多钟抵达浦东机场。当地才下过雨,又是早春,天气还有一点寒意,穿着中大衣正合适。阳鸿库区的司机开一辆起亚商务车来接我们,车子直接开到太仓市浏河镇的一家酒店。太仓阳鸿库总经理带领了公司的全部高管卢起衰总工程师、杨副总经理、刘总会计师和陆建平副总经理等六七个人在酒店迎候我们的到来。接风宴会的气氛不错,大家都很客气,饭后我们直接到库区参观。为了不影响职工的情绪,主人特别交代我们不要与员工接触,不要告诉员工我们此行的目的。看了库区和码头,我的心豁然开朗,也很震撼。第一感觉就是太仓阳鸿库是一座值得拥有的"宝库"。亲身到库区考察,完全颠覆了以前柯居涯对太阳库(太仓阳鸿仓库的简称)的偏见,他认为太阳库的建设太浪费,是乱花钱。但是如今到现场才识庐山真面目,确实是一座被人为埋没的好库。如果收购成功,必须从库区的硬件到管理等软件都进行改造,让其焕发巨大的青春活力。在晚上的碰头会上,我力主在价格不是太高的条件下,坚决收购它。第三天我们又到隔壁常熟的汇海库了解情况,他们的土地面积很大但罐容较小,码头的吨位也小,汇海库能不能经营好我不做评论。汇海库领导请我们吃完午饭后,我们即赶到机场回广东。后来汇海库于2021年被宏川公司收购,更名为宏川集团常熟宏智库。

从太仓回来,大家的意见基本是一致的,就是决心收购太阳库。工作由海川全面主持,负责与阳鸿高层的联系,军印找律师和中介机构进行尽职调查。实地调查很快展开,由我总负责,连律师一共有七八人。勇智带一班人,特别是会计师事务所的人,他们查看财务报表。我和吕立新了解手续是否齐备,还有工艺和设备情况,我还有一个任务是了解管理层的情况。我们在青草湖度假村租了一栋别墅作为落脚点。青草湖度假村仅供早餐,午饭和晚饭我们就在街上的大排档对付着吃,吃一餐换一家,如果那家饭菜好吃、价格实惠,我们就多来两次。浏河镇整条街的大排档都被我们尝遍了,原则就是节俭,不敢大吃大喝。用了两个星期的时间完成初步调查,我们回东莞汇报。

对于收集到的信息,宏川领导层的意见集中在一点:阳鸿公司在开出的价格中到底赚了我们多少钱?搞清楚他们赚多少钱确实不容易,对方不可能如实告诉我们。我的意见是,不管卖家以前赚了多少钱或赔多少钱都跟我们无关。我只关心库区现在能值多少钱。我们收购后能在什么时候收回成本继而赚钱,对宏川集团的发展有什么影响。大家为此事争论着,当然能搞清楚最好,所以决定再到太仓实地调查。

在我们与太阳库管理层谈收购的时候,另外一些人也在紧锣密鼓地做工作,他们是在帮上海大地房地产公司收购太阳库做准备工作。这时传出消息说大地公司以阳鸿公司开出的价格收购太阳库。海川告诉了我这一消息,我觉得很无奈,该细的事情不细,该断不断,徒添后悔。事已至此,不想太多。又过了约一个多月,也就是六月末七月初,又传出消息称阳鸿的老板不想把仓库项目卖给国有企业,希望我们把库区买下来,前提是要加价300万元。那时候,我们甘心情愿地增加300万元把库区买了下来,也不做资信调查了。事情确定后,我们又组成小分队奔赴太仓做收购前的准备。

2010 年 8 月 18 日,在东莞松山湖宏川总部签订收购太阳库的协议。阳鸿方面出席签字仪式的是总经理袁智英和董事赵晴,我方出席签字仪式的有海川、我、黄韵涛、李军印、方勇智和陈世新等人。代表双方签字的是海川和袁女士,签字笔是我保存的外国客商送的派克笔(现在仍保存着)。根据协议规定,2010 年 9 月 18 日我们正式接收太仓阳鸿公司。

宏川集团高层开会研究阳鸿公司管理的事情。根据三江公司的经验,决定派我、黄韵涛为主要负责人,其他管理人员有生产主管和总经理助理。我们的原则是尽量留用原来的职工,大家同心协力保持生产经营的稳定,以求发展。

2010 年 9 月 16 日,海川带领我、黄总和甘毅一行四人到太阳库,下午三点钟召开太阳库全体员工大会,宣布宏川集团正式收购太阳库,老东家派原总经理赵晴先生出席会议。会议非常简短,赵先生宣布太阳库已经转让给了宏川集团,希望老员工能留下继续为太阳库的发展做贡献。海川代表宏川集团对阳鸿公司建设和管理库区并配合库区转让工作表示感谢,欢迎老员工留下来与我们共同为太阳库的发展做贡献。

我们收购太阳库,原来的老员工都已经得到老东家的补助,他们可以选择留在新公司继续工作,也可以结清工资,离开公司,另谋职业。9 月 16 日在太阳库召开的全体职工大会上,我们宣布了这个决定,员工基本上都没有离开公司。

我和黄总租住在附近香江度假村,早上到公司上班,开始紧张的工作。基本是白天各自单独活动,找员工谈话,了解情况,晚上回来碰头交换了解到的情况,及时向海川汇报和交换下步工作安排意见。经过两周的调查了解,我们对太阳库现状的基本评价是:(1)领导不力,纪律涣散,形不成核心,树不起正气。(2)由于领导层把公司卖掉的思想散布到全体员工中,公司又给了老员工一次性补助金,使一些员工产生离开的思想,而想要留下来的员工又不知如何做。公司目前是一派死气沉沉,处于无人管理的状态。有少数不法之徒在趁机作奸犯科,损害公司利益,中饱私囊。太阳库急需整顿树立正气,从头做起。这时候有一封检举信发到黄总的邮箱。信的内容是揭发太阳库的个别领导人克扣客户货物倒卖牟利，损害公司利益和形象的事。看了这封信，结合两周来我们了解到的情况，我和黄总两人简单交换了意见，决定立即回总部商量下一步的行动计划。

听了我们的汇报，总部决定：调三江公司操作部经理接管太阳库操作部工作，三江公司商务经理黄正坤为商务总监接管太阳库商务工作，三江公司经理助理任阿涛助理，协助阿涛管理行政事务。

我的任务依然是调查了解情况。为防变故，我们没有在东莞过多停留，又急忙回到太仓。这次回太仓，不是两个人，而是五人，并且在干部会上宣布了东莞来太阳库的几个人的分工。黄韵涛总负责兼管商务，所有出库的货物需经过他批准，凭条出门；黄正坤协助黄总管理商务工作；东莞来的操作经理主管生产。我们都深入到各自的岗位，工作力度和深度迅速加强。原商务部有几个人申请辞职，我们立即批准。原公司副总经理、总会计师和操作部副经理等三人爱干不干的，还经常出难题，影响很坏，我们劝他们退职，清除了消极因素。

黄总那里碰到一些棘手的问题。我们刚接手全面工作时，原总经理立即提出病休两个月。理由是在库区开工进料时太劳累，又吸入了很多有毒气体，身体不好需休养。我们商量后同意他的请求，同时我们安排原商务经理到东莞三江公司交流一段时间，太仓库的商务由黄正坤全面负责。这时激起更大的波澜：原商务经理提出家在上海到广东不方便，要么是不动，否则辞工。我们坚持集团的意见，最后这位商务经理辞工了。他一走，原商务中心几个人也跟着辞工了。这是我们意料中的事情，也是我们改造商务中心的第一步。我们让东莞来的几人进入商务中心，黄正坤升为华东商务中心副总经理，协助黄总，这样商务的台子搭起来了。

我还是干老本行，采购和基建，其他工作就是逐步了解公司干部员工的情况，做下一步公司骨干队伍组建的准备工作。原库区领导对我们客气有加，我和黄总住在香江别墅宾馆里，每天都有人来宾馆陪我们吃早餐，据他们说是免费的。我的理解是,世界上从来就没有免费的早餐,只是因为公司的饭堂没抓好,饭不好吃,他们是到宾馆来蹭饭的,饭钱还必须由公司掏。午饭和晚饭我们在公司的贵宾餐厅吃,每餐是四菜一汤,他们对我们很客气,领导轮流陪我们吃饭。我到大餐厅看了一下,饭菜都比较差。特别是早餐更差,员工意见大,都不愿意在餐厅吃早餐。第二件让我不满意的事是,由于生产和安全等几项工作没法推动,队伍没有一点生气。为了改变这一状况,我们紧急从东莞三江公司调十位骨干到太阳库工作。当时已经是十二月份的天气,太仓的气温在零度以下,我必须为从广东调到华东的员工准备生活和御寒物资。首先是员工的住房,我把原先闲置的会所清理出来作为他们的临时宿舍。在购置他们的床铺和被子时,采购经理就很不情愿。他说床铺用最便宜的,被子也不要太厚,不要对他们太好。我已经看出他的用心,他对领导是极尽阿谀奉承,对员工是管、卡、压,十足的市侩。我没听他的胡说,而是把支援太仓库的骨干安排好,让他们安心工作,把太阳库的工作带动起来。

我抓采购和基建大修理工作,必须熟悉苏州地区的物资供应情况,比如钢材、电器、建材乃至生活物资的市场都必须熟悉。但是采购经理带着我跑了几天就是找不到相应的市场。我就纳闷,苏州市是全国著名的工商业发达城市,连这些基本原材料都买不到,他们怎么搞建设,城市是如何发展起来的?偶然的一天下午,我要到周边地区去找钢材市场,公司派不出专职司机,就临时让朱军为我开车。朱军原来是太仓美孚润滑油公司的司机,因为在那里没有多少事做,企业也较稳定,就想到新企业——老太仓阳鸿库(以下简称老阳鸿)来试试。可是他到老阳鸿后看不惯领导的行为,提了一些意见,领导有意为难他,很少被当司机用,而是把他放到门卫当保安,甚至准备辞退他。那天我上车后,朱军主动与我聊起了工作的事来,从物资材料市场到公司的管理,无所不谈。当谈到物资采购时,他也觉得在苏州应该是很容易的事情,他答应回家后查找有关信息,第二天一早告诉我。

当天晚上我和黄总商量,既然公司的司机不够用,我和他就用朱军当司机,免得办公室为难,黄总表示赞同。第二天告诉办公室经理换司机的事,他也不能说什么，就这么定了下来。上班的时候，我和朱军就开着车去做市场调查。除了太仓市外，苏州市、无锡市的市场里各种物资多得很，应有尽有，都没有必要跑上海市场，这为后来太阳库的改扩建做好了物资供应准备。

由于朱军的启用也为办公室经理等人的离职埋下了伏笔。办公室经理后来做了两件事情让我和黄总很气愤。第一件事是，有一天我请客吃饭需用某品牌酒6瓶，公司没有存货，办公室经理临时让朱军购买，每瓶200多元，到开票的时候他要朱军每瓶多开200元报销。朱军不同意，但他坚持要这样做，他又怕朱军揭发，把钱留在朱军处。第二天一早朱军把钱交回来。也就是说每瓶酒多报200元，一年下来公司就会多支付酒钱好几万元。第二件事是为了活跃职工业余文化生活，在宿舍旁的空地上建一个篮球场，让办公室经理订购篮球架。他询价为每副4 000多元，黄总和我都不信怎么会那么贵的。我们自己去询价，结果不到2 000元，这太离谱了！只要他过手的东西他都要贪。为了控制局面，我们暂不追查过去的事情，从现在开始必须杜绝损公肥私的现象，决定不让他采购物资。这件事一公开，他就提出休假，黄总同意了。等我从东莞回到太仓，时间已过去近半个月，我们两人商量由我打电话问办公室经理是否回来上班。他回答：黄总如果不给他赔礼道歉，他就不回来上班。这正合我们的意，我还是"认真"地劝他回来，他回答再考虑考虑，就没了下文。后来打开他的宿舍门一看，才知道东西已被搬空。他是怕我们告他贪污，不辞而别，溜之大吉了。

现在太阳库原领导班子只剩下原领导一人，他是个聪明人，知道大势已去，连前面的三天打鱼两天晒网的表面文章都不做了，干脆到医院开病假条。理由是在太阳库投产进料时吸入了有害气体，白细胞偏低，身体不适，需休息一个月。我们同意了。实际上这一个月他没有闲着，奔波于太仓和上海之间，忙着服务于他的下个雇主——上海大地公司。他太"劳累"了，以致把公司一台八成新的奥迪车撞坏了，修车花了十几万元。由于有前面的铺垫，一个月后他回来提出辞职。为了让他痛痛快快地离开，不节外生枝，我们又给了他一笔补助。至此除了少数原总经理的铁哥们，又得到很多好处的人外，绝大部分员工都留了下来,我们圆满完成了收购太阳库的首战。

提升一个库区的竞争力主要从两方面入手,一是一流的队伍。队伍团结一心,干劲大,素质高,干什么事都像模像样,才能吸引客户。二是有一流的设备和工艺,为客户提供一流的安全、优质服务,让客户的货物存放在我们库区有极大的便利和安全感。

为了充分调动全体员工的积极性,除了开会、谈心,我们还经常请员工一起聚会,改变原来领导高高在上,不了解下情的官老爷作风。虽然花钱不多,但拉近了领导和员工之间的距离,他们感到新东家真正重视员工,有奔头了。有些原来比较消极的员工也感到有盼头,工作起来有劲了。员工们把这些信息传递给了社会,社会各界也给了我们正面的评价。社会舆论和政府领导已经偏向了新的太阳库,这给员工很大的鼓舞,处处都呈现一派欣欣向荣的景象。

我们用诚信和努力把已离开的客户再请回来。上海某公司是老阳鸿的客户,由于他们之前和老阳鸿合作时吃了很多哑巴亏,那时他们的货物进老阳鸿库先扣千分之三的损耗,即每千吨油一进库即被自动扣去三吨,然后再根据实际损耗又进一步扣减数量,这样每千吨货从进库到出库的人为损失就有5吨以上。他们每年进老阳鸿库油品达到20多万吨,这样每年人为损耗就高达1 000吨,当时市场油价是每吨6 000元,也就是说该公司每年白白损失600万元,这是任何货主都不能容忍的。因为当时长江口找不到别的油库可用,货主无奈之下就把货放了进来,现在太仓阳鸿库更换业主,他们便提出终止合同,另外找库。得到此消息后,我和黄总从东莞回太仓时,一下飞机立即赶往位于上海浦东的该公司。从虹桥机场到他们公司不足一小时的车程,可那天特别堵车,下午三点多钟从机场出发,一直到晚上十点才到他们公司。客户的主要头头都在公司等着我们,一见面才知道都是老熟人。他们的要求就是按照三江的规矩办,即损耗最低,不另加人为"损耗"。我们的回答十分干脆:没问题,如果做不到,他们要离开的话,我们不拦着。于是该公司决定不退罐,继续合作下去。我们以十分兴奋的心情开始新的征程。

我们的另一个客户也回来了,就是老朋友王桂秋介绍他的朋友来谈租罐的事,客户也了解原来老阳鸿的烂事。双方一落座,该公司的倪总就历数起老阳鸿的诸多不是。俗话说,爱挑剔才是买货的人。我们耐着性子跟他们解释宏川的经营理念,我们为了适应日益增多的客户,正在进行工艺改造和即将启动扩建工程,于是我们约定一年后他们再来租罐。

2012年年初,太仓美孚公司的码头引桥和输油管被运沙船撞断了,被迫停产。我们得到这个消息,预感到这是一个与相邻企业搞好合作的天赐良机。当天即派代表前往拜访,了解并询问他们有什么需要帮忙的事。

美孚公司在世界上那可是数一数二的大企业,而他们在太仓的公司也在中国是纳税大户。对于我们公司代表的到访和善意,他们不理会,说自己能解决。可是没过几天,他们又找上门来了,希望用我们太阳库码头接卸原料。美孚公司在短短的几天里为什么态度来了一个180度大转弯呢?原来他们找了张家港的孚宝库帮忙接卸原料,孚宝库接卸一吨货要100多元,并且从张家港汽车运输到太仓美孚厂的运费又是200多元,两项相加,从张家港接卸一顿原料必须增加300多元的费用。而从我们太阳库码头接卸一吨原料费用才不到100元,这对他们来说是多合算的生意啊!双方很快就达成合作协议,但是外方对于我们的执行力和工作质量还是半信半疑,开始接卸几船油品时他们还派了一帮人来现场监督,在确信我们太阳库的管理体系和工作质量后才放手让我们独立操作。这次合作,解决了美孚公司的急需,也为太阳库创收1 000多万元,同时也为后来双方的合作奠定了坚实的基础。

前面几件大事为我们开辟华东市场做了很好的铺垫。一年后,原领导借故到太阳库参观,从内心发出感慨说:没想到太阳库能够这么快翻身。他以前把太阳库搞成一个烂摊子,眼看必破产无疑,是我们宏川人用"一条心,一股劲,誓叫太阳大翻身"的大无畏气概把太阳库搞活了,做大了,确实了不起!

太阳库的名声在业界大振,其中最让货主称道的是:(1)坚守不动货主货物的承诺。(2)确保货物损耗率在同行中最低。一句话,就是确保货主的利益不受损害。这在华东地区是首开先河的行为,也给我们带来了巨大的商机。老客户倪总又回来了，一次长包五万立方米的储罐。而更大的商机接踵而至，大批的甲醇货涌向太阳库，市场要求我们立即启动扩建计划。

我们庆幸的是，原来在2004年建库的时候，太阳库的老板就为日后的发展留下了伏笔，也就是库区还有120亩地留作建炼油装置用。主码头的后方岸线可以再建一座一万吨级的内挡码头。由于国家政策的改变，进口石油加工的政策迟迟没有落实，使他们没法钻政策的空子发财，他们只能做油库仓储业务，而他们又缺乏经营人才，并且觉得来钱太慢。的确如此，他们建成并经营的液体化工库没有一座是盈利的，南阳库亏本，太阳库又是晒太阳。太阳库有30多万立方米库容，那么好的设施，一年收入不足400万元，扣除成本真是大亏特亏。良好岸线，大量未利用的优质土地资源正是我们仓储发展的最有利的条件。所以公司决定，把原来太阳库没有利用的土地用来再建设四座罐区，这样就增加了含31个储罐共计30万立方米的新罐区，太阳库将达到总容量63万立方米。在8万吨级大码头的内部水域再建一座一万吨级内胆码头，建成后，太阳库就是长江沿岸第一大码头和库区。这个想法与集团发展仓储业务，向长江流域拓展的总体规划是吻合的，因此，没有太多的争论就决定：在老库区整理改造的同时，即启动新库区的筹划工作。

当时领导工作分工依然是黄总主抓经营，特别是市场的拓展、营销和政府关系的协调工作。我带领卢起衰总工程师等人抓新项目启动手续的立项、设计和开工准备。虽然项目的启动人员不多，但是开展得很有条理。我们已经有过建设三江库区的经验，而老卢退休前是扬子石化设计院的院长，对工程设计和管理也是驾轻就熟。再加上我们两个人都在领导岗位任职多年，我们彼此互相尊重，有事多商量，更多地发挥他的长处和经验。我们的工作进行得很顺利，库区设计单位还是金陵设计院，因为第一期是他们设计的，工艺基本上合理，只要把我们的经营理念结合到新的库区里，就可以形成库区完整的总布局。金陵设计院主管技术的副院长周红儿毕业于北京石油学院储运专业，是一位办事能力很强、很干练的女生。她手下有十几位储运专业的工程师，基本上是她的徒弟，业务也都很熟练，华东地区的油品和化工库大都是他们设计院的作品。卢总与周总联系后,她带领了几位骨干到太阳库交流,我们把意图向他们交代清楚。他们承诺给我们以最优的质量、最快的速度和合理的价格(周总强调,前面已经做过一期的设计,很多是重复的工作,价格可以优惠)。另外周总还特别指出,他们的费用中有一块是属于技术服务费用,以后技术服务人员到工地服务不再收取任何费用,这是我最开心的事情。设计工作顺利开展,需要沟通的事情由卢总和相关人员到南京金陵设计院去进行,设计院很快交出了设计图纸。

下一步就是办手续和准备开工建设。这时候上门来推荐工程队的人很多,由于原来没接触过他们,不知他们的能力和信誉如何,我们只能把政府和各界推荐的公司及我们以前用过并且有信誉的单位一起找来参加投标竞争。在招标之前,我们对工程公司一一进行考察并把他们的标书都接下来,全部集中到卢总那里,由他汇总并提出初步意见,集体充分讨论后再由我报集团总部决定。当然我还必须要关照以前有诚信且帮助过我们的老合作伙伴。经过比较,我们选定,土建交由宜兴桩基公司和化州建筑公司;储罐和管道安装选定大庆安装公司、启东工程安装公司;防腐交由东方公司,消防由苏州市瑞祥消防科技工程有限公司施工。工程队确定后就是我们自己内部的纪律和管理问题,我们从一开始就强调工作纪律,各司其职,工程进展基本顺利。宜兴桩基公司和化州建筑公司的质量和进度都基本满足我们公司的要求,装置现在已投产十几年也没有发现什么问题。安装工程方面,启东安装公司能够按照要求做好。在整个建设过程中,启安工程队最让我感动,他们虽然是地方的工程队,工程量相对较少,但是他们派出的队伍素质高,认真做好每一件工作。在我们库区急需用新管线时,他们在风雪严寒中把四千多米管线安装的任务赶出来,保证了生产的需要。为了感谢启安公司的突出贡献,我特批奖励他们10万元现金。

太仓库二期基建工作于2013年夏完成投产,成为华东地区最大的民营商业液体化工库。库区已经扩大到63.6万立方米,客户也有明显的增加。这时码头的吞吐能力就显得不够,因此决定在大码头与岸线的中间建一座一万吨级码头,即完成原来的规划,与大码头形成 F 形。图纸出来后,我们找了几家施工单位参加投标。从近几年大码头的运行情况看,原来的承建单位——中交二航局的建设进度、工程质量和价格都比较合理,最后确定由中交二航三公司承建,水工监理单位是张家港江东港口工程监理有限公司。工程于 2015 年 1 月 23 日开工,至 2015 年 10 月 31 日完工验收,历时 9 个月,耗资 6 955 万元。至此,太仓库区的基建工程全部完成,太阳库以 8 万吨级长江第一大吨位码头和 63.6 万立方米的第一大库容展现在世人面前,后面转入经营和管理。

四 南通阳鸿库的腾飞

　　2010年的早春二三月间，天气还相当冷，黄总、我和太太已经到了太仓，正在整顿太仓阳鸿的机构和安排经营生产事项，突然海川飞到太仓，跟我们说第二天到南通去看南通阳鸿库。我们一家三口第二天一大早就开车到如皋市长江镇南阳库区，当时的总经理刘学亭先生在大门口迎候我们。我和刘总是老熟人，因为收购的事情还处在初期阶段，表面上只有刘学亭一个人知道这事，因此他反复强调要保密，不要让下边的员工知道（其实员工早知道南通阳鸿库经营不下去了，卖出去是早晚的事情）。到刘学亭办公室用过茶，寒暄过后，他直接带我们到码头和库区，一边走一边介绍库区的情况。南通阳鸿库（以下称南阳库）建于2002年，有一座五万吨级和一座三万吨级油品化工码头。由于原来准备建炼油厂，其中一座码头准备接卸原油等原料，而另一座码头是成品油装运出厂。由于后来国家政策改变，不允许外资企业办炼油厂，两座码头和22.6万立方米库区虽已经建成，勉强能够作为油库经营。但业主欠了政府很多钱，业主只能用2♯码头和250亩土地归还政府抵债，还剩余约100多亩地空闲在那里。而这时阳鸿公司又在太仓市开始另一个炼油项目——太仓炼化。也是同样的原因，半途变成太阳库。

　　南阳库虽然已经开始经营，效益也还过得去，勉强能维持运作。但是到了2007年底，太阳库投产后，由于管理模式没有设计好，造成两个库区的经营发生降价恶性竞争。又由于隔壁的南通诚辉公司经营有方，客户都到他们那里去了，南阳库出现几近停产的状态。我们在库区看到的状况是：库区没有围墙，杂草丛生，害草"一枝黄"长得有一人多高，一些灌木也有2~3米高，马路上铺满厚厚的杨树落叶。库区虽有门卫人员值守,但是却龟缩在小门房里,不愿意到外面巡视。在罐区的北边有一排小平房,据介绍有几个临工住在房子里,有人正在做饭。旁边几间就是化验室,存放一些简单的化验设备和样品。从化验室往北是一片空地,长着绿油油的油菜苗,正含苞待放。张总告诉我们,油菜是当地居民种的。罐区里也是杂草丛生,储罐油漆剥落,锈迹斑斑。一根管道串联几个罐,就像一根藤上结了几个瓜。从阳鸿大道往东100米,就是东边地界,有一条排洪小河,小河没有岸,河边的泥土被雨水冲刷后往河里塌陷,河面已经变宽了许多。库区里的基建余料——阀门、管件随处可见。我见到的是一个没有管理的破烂库区,把它恢复起来必须下很大的功夫。海川看到的是旧南阳库管理不善,破旧不堪,经营不下去,我们如果把它买过来,改造好,经营好,这就是商机。我和海川的差别就在此。他看大方向,大目标,我把大目标和规划一一实现。这是十几年来我们父子配合的情况。

收购南阳库的谈判在双方的高层一直不停地进行着。2012年12月21日下午,袁志英、韩申智两人到宏川集团总部来,双方签下收购协议。很快我又回华东,这次我们不是偷偷摸摸进库区,而是大大方方、大张旗鼓地接收南阳库。我们召开全体员工大会并宣布,宏川集团正式接收南阳库,机构不变,人员不变,刘学亭依然是总经理,但法人代表更换为黄韵涛。职工大会后,和收购太阳库一样大家一起聚餐,气氛依然相当热烈,这其中包含着很多员工对原来南阳库不死不活状况的不满和对变革的渴望。

回到太仓后,我和黄总一起议论刘总的事。刘总比我小四岁,是一名老知青,恢复高考以后上了大学,毕业后分配到大连石油七厂工作,逐步走上领导岗位。他当过大连石油七厂副总工,主管营销兼石化七厂外贸公司总经理,可以说是我的老同行、老同事。后来由于车祸,他身受重伤而病退,病愈后受聘到南通阳鸿公司任总经理。如果把太阳、南阳的两位总经理,即刘总和周总作对比,刘总表面更听话顺从,挑不出一点可以让他立即走路的理由。他们两人的共性是懒惰,不按时上班,也不下库区现场,就是赖在办公室,不知干什么。南阳在两三年前,由于前任总经理违法犯罪被发现后,携款畏罪潜逃。刘学亭接手后就一直做看守总经理,就等阳鸿总部把库区卖出去了事。

我们接收南阳库是要它起死回生,焕发活力,发挥它应有的价值。我们确定的步骤是,刘学亭领导他原来的班子继续经营,我从太阳库调来吴建国、彭丹和齐兴波等人到南阳库。这些人的工作,一是和原来南阳库的老同志冒宇鹏、朱啸、陆剑军等一起对老库区进行改造,二是对人员机构进行考核,最大限度地发挥原来员工的作用,增加必要的新生力量。

老区改造的工作刻不容缓。首先是把库区的周界确定好,按图纸划出四周边界,一计算,库区的面积比当时的实际面积多了6亩多地,按每亩地25万元计算,把围墙建成,得到的实惠比起投资的费用要大得多。有了围墙,再配备合格的保安员,库区就是我们公司的资产了。没过多久,小偷又来偷盗阀门等器材,被保安逮个正着,送到管理区派出所审问。小偷说,以为是没人管,可以随便拿走的。经过教育,小偷写下"不敢再犯"的保证书,我们同意释放他们,从此再没有人来偷器材等物资,达到了警戒的目的。

第二个急需解决的是库区排水不畅的问题。接手南阳库后正好我在库区,一场大暴雨过后,库区的积水深达40~50厘米深,雨水、生活污水和油污水混合在一起,又脏又臭,我穿着长筒胶靴、拄着拐杖在水中查看摸索着前进。由于建设时期监管不力,下水道破裂塌陷,互相串通,外排水口又被堵死,导致水不能外排。我们立即把与外界连通的口子彻底堵死,启动几台污水泵向外排水,整整排了一上午才把水排干。

我和原来南阳公司做基建的顾海峰先生(他因为前几年看不到南通阳鸿公司的前途而辞工单干)聊了库区排水问题和现在的解决办法。我们都认为要解决库区的排水问题,只能痛下决心根治,否则年年治水年年洪灾。我们共花费105万元,用四个月的时间把原来的暗沟排水改为明沟排水,基本实现清污分流,还增加了一个50立方米的集水池和一台排水泵,以解决下暴雨时排水困难的问题。

第三个急需解决的问题是如何满足多品种、多客户进出货的需求。我们在不增加主管道数目的情况下,在泵棚的旁边建设一座转换坑。主管道从码头到转换坑为止,而各座罐均有一条管道通到转换坑,这条管道既可以输油到罐,也可以通过它把罐里的油品输送装船或装车,达到灵活调用的目的。这一改动,解决了以前每个罐前都放一台临时泵,到处装油,到处脏兮兮、臭熏熏的状况。同时,每个罐都可以很方便地进油出油,达到灵活实用的效果。另外,我们把原来能耗高且不灵活的螺杆泵改为离心泵,降低能耗,增加灵活性。这些改进大大地提高了储罐的出租率,以前几年一直空着的罐开始陆续出租。

库区改造后出现的新局面没有触动南阳库的管理和商务团队,我和黄总多次提醒老刘和当时主管南阳商务的唐总,必须做好更多接货的准备,他们给出的答复是:罐都是干净的,几年来都没有动过,随时可以进货。在甲醇进货前我又要求他们再查看空罐是否干净,他们把我们的提醒当耳边风,盲目进货,结果造成两万吨甲醇被严重污染:水分、水和甲醇分离指数严重超标,如此不合格操作造成了严重的社会影响和经济损失。这下真把我们惹火了,责令几位主要领导做深刻检查,公司根据个人所负责任的大小和认识错误的深刻程度作处理。他们分别被免去南阳公司总经理、副总经理、操作总监、副总监和操作部经理职务,被降级或留用察看使用。公司为了稳定队伍,搞好经营,我们派太阳库的孙刚副总经理到南阳任代理总经理,吴建国为副总监,张怡波为操作经理,组成生产管理新班子。新班子做了三方面的工作:(1)处理被污染的甲醇。(2)稳定南阳库员工的人心,鼓舞员工士气。(3)把南阳库区的改造完成,进入常态化经营。

南阳库区的污染事故和太阳库副总的辞职对宏川公司仓储业务无疑是一次重大的打击,但也是一块试金石:在困难面前我们的队伍是否敢面对,有没有勇气和能力战胜它。我们新成立的南阳库领导班子把处理受污染的甲醇和改造任务很好地挑了起来,仅用三个月的时间就把货物里的杂质处理干净,把损失降到最低。这主要得益于此前我与孙刚、吴建国等参观一家化工机械厂——江苏巨能机械有限公司时购买的一台可以滤去细微含水机械杂质的离心机发挥的作用。罐区改造则是孙刚、吴建国等几人带领全厂骨干努力奋战的结果。困难和挫折对于一个单位和个人来说，不是什么坏事，就看当事人的态度和处事方法。我们在处理事故过程中培养了骨干，锻炼了队伍，而一些原来不动脑、不动手的懒汉也知道这样在宏川混日子是不行的。他们知难而退，几个"骨干"悄然离去，新的骨干队伍形成。很快，南阳库的改造基本完成，孙刚回太阳库任常务副总经理，吴建国任基采中心副总监，张怡波任太阳库操作部经理。集团任命原集团人事部总经理甘毅兼南通阳鸿公司总经理（法人代表），新加盟的王建为南通阳鸿公司副总经理。南阳库的经营管理已走上了正轨，为下一步改扩建奠定了基础。

南阳库的改扩建主要是把南阳 BCF 三个库区填平补齐，增加 5.7 万立方米的罐容量，再加上 G 区新建 12 个 16 000 立方米的罐，一共增加了 24.9 万立方米的罐容，比老阳鸿库容扩大了一倍，形成了较大规模的库区，达到规模经营的目的，这是我们的初衷。

从我们经营太阳库和南阳库的实际情况看，南京金陵设计院在设计库区方面基本达到工艺简便合理、操作可靠的要求，收费标准中等，南阳库改扩建工程的设计我们可以继续和他们合作。我打电话给周红儿顾问（因超龄，辞去院长职务），双方很快达成协议，签订合同。与此同时，地勘、打桩都用太阳库扩建工程相同的队伍。我们的管理团队随即建立，整个工程还是我总负责，王建副总负责基建和生产的协调，工程具体负责人是吴建国。参加人员有基采中心陆建军等 4 人、HSE 部 3～4 人，机构非常简单，但是高效。监理是南京金陵工程监理有限公司。参建单位有江苏地基工程有限公司和宜兴太湖地基工程有限公司、南通市建华交通建设工程有限公司（顾海峰）、江北建设有限公司；安装公司有江苏启安建设集团有限公司、苏州工业设备安装集团有限公司、江苏鑫诚润建设有限公司、苏州瑞祥消防科技工程有限公司以及高创和高特设备安装工程有限公司。虽然参建的单位多，但是由于以前在太阳库已经合作过，再加上我们业主合理的协调调度，工程历时一年安全顺利完工，一次验收合格，于 2019 年 1 月 28 日投产，创下高效、安全、优质的工程。南阳库改扩建工程的顺利投产，正好在宏川智慧顺利上市的当年，月收入和效益翻了一番，为宏川智慧的建设积累了经验。南阳库成为南通地区液体化学危险品仓库的楷模，地区领导也很引以为荣。

第六卷

家庭故事

家庭就像土地，肥沃的土地先天可以培育出苗壮的幼苗，后天的修剪则能将幼苗培养成栋梁之材。

一 为了祖国的明天

——谈谈育儿成长的点滴体会①

中石化茂名石化医院妇产科　蔡絮吟

我叫蔡絮吟，是中石化茂名石化医院妇产科主任，主任医师。我爱人林南通，担任茂名石化公司外事处领导职务。我们有两个儿子，大儿子林海川于1993年毕业于厦门大学国际金融专业，现为东莞市虎门镇一家化工公司的经理。二儿子林海天，在1995年高考中以900分的成绩夺得广东省理科第一名，后考入北京大学国际金融专业。当时被人们称为"广东省理科状元"，成为传媒争相报道的"新闻人物"。我们这个四口之家在一定程度上受到社会的关注和羡慕，有记者问我："你们夫妻俩都是大学生（我爱人是南开大学1968届毕业生，我是同济医科大学1970届毕业生），都是有一定知名度的专家，如今又培养出两个这么出色的大学生儿子，这里面有什么诀窍吗？"怎么说呢？我们都没有专攻过教育学和心理学，谈不上什么诀窍。我只能说，我有一个和睦温馨、朝气蓬勃的家庭，我们都切实担负起了做父母的责任。一个人的成长，取决于诸多主客观的因素：社会环境，学校教育，家庭熏陶，个人奋斗，等等。而其中家庭这个生存空间对孩子品格的形成和人生价值的取向是至关重要的。我想就此谈点体会。

（一）充满生机活力的家庭是孩子成长的好土壤

我的家庭是比较典型的知识分子家庭，我与爱人都是国家培养的大学

---

① 在第六卷中，除了林南通先生自己的回忆，还收录了他的几位家人和朋友的文章，从另外一个视角来讲述林南通和他的家庭的故事。——编者注

生,有过刻苦磨砺的经历,接受过严格的传统教育,具有大多数知识分子所具备的共同特点:老老实实做人,勤勤恳恳做学问,兢兢业业工作。严谨的治学精神和报效祖国的热忱贯穿着我们几十年的人生轨迹。这种自强不息、奋发向上的精神构成我们家庭的主旋律,用"团结、紧张、严肃、活泼"来描述我们这个家庭是较为贴切的。我爱人是润滑油方面的专家,他担负着国家重点科研项目的攻关,经常没日没夜地扑在实验室里。他后来到公司外事处担任领导职务,又常出差。我是妇产科医师,妇产科是医院里最繁忙的科室之一,我白天连走路也要带着小跑,常常三更半夜回家,刚躺下电话铃又响了,有急重病人需手术,我又急急忙忙披挂上阵……我们全家难得聚在一起吃一餐饭。我和老林常常以剩饭、快食面对付午餐,孩子就到我妹妹家里吃饭。我们没有工夫整天围着"小太阳"转,也不想过分娇宠他们,但这不等于放任自流,孩子们的学习情况、心理倾向和行为举止我们是密切注意的。孩子也懂事争气,常对我们说:"别为我们操心,我们不会给爸妈丢脸的!"有时候孩子反倒心疼父母,劝我们别太累。我们说:"现在条件好了,我们要多干点。一个人活在世上,能为人们需要,多做点事情,这样才充实、幸福、有意义,再苦再累也值得。"孩子生活在这样的家庭氛围里,潜移默化,养成自觉、自立、自强的品格和专心致志、不讲究吃喝玩乐的好习惯。我与老林都有各自的事业和追求,谁也无法站在谁的背后,仿佛都在暗暗使劲开展一场无形的竞赛,但我们又是最合拍的伙伴,配合默契,互相支持帮助,相敬如宾。谁获得成功,对方都会由衷地为其鼓掌。对孩子学习上的每一个进步,我们都及时肯定、鼓励。不知不觉中,在夫妻之间,孩子之间,父母与孩子之间,形成了以奋发向上为荣,胸无大志为耻的风气。我觉得,一个祥和温馨、自强不息的家庭环境对于子女的健康成长是十分重要的。

(二)当好孩子的第一任老师

父母是孩子的第一任老师,甚至是孩子心中的偶像。因此,家长的人格力量和表率作用对孩子的影响至关重要,这种影响力是一种潜移默化的持久熏陶。我和老林都是在劳动人民家庭中长大的,生性善良正直,加上接受传统教育较多,因此,很注重品德修养和处世待人的真诚爱心。我曾收治过一名被三次误诊、三次手术失败且生命垂危的农村贫苦小姑娘,亲自主刀为她手术。除自己给这位小患者捐款外,我还发动同事及社会为她捐款,使病人转危为安(《南方日报》和《茂名日报》做过报道)。老林也经常向生活中的困难者和不幸者施以援手,这些都给孩子们以启迪和教育。海川和海天兄弟俩平时很朴素,不乱花钱,但当同学有困难时,他们总是及时地给予帮助。

我们要求孩子做到的,自己首先做到;要孩子不为,自己首先不为。通过言传身教,让他们懂得什么是好的,什么是丑的。海川四五岁时在家门口捡到钱,马上交给他奶奶,祖孙俩就站在捡钱的地方苦等,直到失主找来,把钱交还失主。海天读小学六年级时在楼下拾到 10 张 5 元面额的崭新人民币,50 元钱在当时可不是个小数目。他告诉我们说第二天把这 50 元钱交给老师。我们帮他分析说,交给老师是对的,还可以得到表扬,但这时失主一定很着急,说不定这是一笔救命钱,失主不晓得到学校去领丢失的钱,你这样帮不了别人。倒不如立即写个启示贴在楼下捡到钱的地方,若失主回头寻找,很快便可领回钱,这才是真正做好事。孩子觉得有理,马上动手写了失物招领启事贴出去。第二天中午失主果然回头来找,原来是一位从北方来茂名探亲的妇女遗失的。她感动地连声说:"好人,好人。"后来她投稿给报社,对海天的行为进行表扬。

我们不仅期望孩子能成为有真才实学的人,还要培养他们成为高尚、有道德的人,这样的人格才完美。我和老林在学术和专业上做出了一些成绩,老林有不少项目在广东省和中石化总公司获奖;我在妇产科恶性肿瘤和女性不孕症诊治以及腹腔镜等领域取得一些突破,在省级以上杂志发表多篇论文,多次获奖。党和人民给予我们很高的荣誉,我们先后被评为茂名石化公司劳动模范。老林在 1993 年荣获国务院颁发"有特殊贡献的专家"称号,并领取政府特殊津贴。我也担任妇产科主任职务,去年晋升为主任医师,也荣获国务院"有特殊贡献的专家"称号……在别人眼里,我们都应该算是成功人士，但我们作为父母，更感到对于孩子教育责任的沉重，稍有不慎，很可能使他们滋生特殊感和优越感，成为养尊处优的一代。社会上这方面的例子是很多的，我们除了处处以平常心保持自爱自律外，还不断告诫孩子：衡量一个人的成功，不在于财富多少，地位高低，而在于精神的富有。活着的价值，永远不在于索取而在于奉献。值得安慰的是，孩子们都很争气，生活检点，不摆阔，不与人攀比物质享受，不骄不躁，在学习和工作上保持刻苦奋发的劲头。

（三）给孩子一个自由飞翔的天空

每一个家长都希望自己的子女成龙成凤，但在教育方法上却千差万别。一些家长喜欢按照自己的意愿替孩子设计未来，让孩子唯命是从，使孩子生活在父母的影子里；还有一些家长甚至采用重赏重罚的手段企图让孩子就范，其结果往往事与愿违。我们从不刻意去勉强孩子，尽量给孩子的心灵松绑，尊重他们的个性和自尊心，反对封建家长式的发号施令、苛责和棍棒教育。我们家的家庭气氛是宁静、自由、宽松和民主的，大人与小孩都可以互相探讨问题，交流思想，各抒己见。我们家长只做宏观上的"导航"，不具体而刻板地限制这限制那。尽量启发孩子的心智，让他们保持独立的个性，调动他们的潜能。大儿子海川小时候贪玩，但肯钻研，动手能力强，读小学时爱看课外书。读初中时他能根据课本知识自己买材料装小电话，做小化学试验，但学习成绩不太理想。我们找他谈心，开导他，出乎我们意料之外的是，他十分认真地对我们说："请给我时间，我正在摸索一套适合我自己的学习方法。"我们将信将疑地等待着，果然，到了高中阶段他的学习有如神助，成绩一路攀升，进入全年级前十名。1989年高考，他以优异成绩考入厦门大学经济学院金融专业。在大学期间，他很重视理论与实践相结合，曾徒步对厦门市的房地产现状做过深入调查并提出颇有见地的观点。他的老师十分赞赏，说海川如此用心，日后必有大作为。

小儿子海天学习相当刻苦，进入高三阶段，他给自己规定严格的作息时间表：早晨七点到校，中午十二点离校，下午二点到校，晚上六点半到校，十点半离校,星期六下午打球锻炼身体,从不间断。他在一篇学习心得中提到:成绩来自精神动力和实际行动。精神动力即有理想有志气有目标,实际行动即有科学的学习方法和坚韧不拔、吃苦耐劳的意志。功夫不负有心人,海天终于为自己创造出一片辉煌,在关键时刻取得成功。

(四)为祖国培养下一代是历史的责任

如何教育好下一代,是每一个家长所面临的永恒课题。我觉得仅仅把成长理解为能上大学,将来有个好工作,生活过得滋润,这是不够的。这种思想太狭隘了。孩子虽是父母所生,但如果站在社会学、历史学的角度看问题,孩子不是父母的私人财富,而是属于国家、属于社会。历史的发展,社会的进步,离不开一代又一代人的持续开拓。父母再有成就,事业再辉煌,只能属于历史,而孩子属于未来,我们只有把孩子培养成既有优秀品格又有真才实学的人,切切实实地去报效祖国,奉献社会,才算完成时代赋予我们的责任,这一点我和老林是有共识的。小儿子海天现在还在学校读书,将来如何,不敢妄下断语。大儿子海川大学毕业后,凭父母在茂名石化公司的有利条件,完全可以回到父母身边,找一份安稳舒适、待遇较高的工作。但是他不愿意生活在父母的影子里安于现状,决心要闯出一条自己的路。他应聘到东莞市一家集团公司工作。我们为他有这个雄心壮志鼓掌,毕竟应该是一代比一代强,我们这个民族才有希望。海川已工作四年了,如今他担任一家公司的经理,把原来不景气的企业搞得红红火火,我们感到很欣慰。

最后,我想说,离开党的好政策,离开改革开放的好形势,离开教育部门的好领导,特别是离开学校老师们呕心沥血的栽培,我的孩子们不可能有今天的成绩。

为了祖国的明天,为了二十一世纪的辉煌,让我们齐心协力,为祖国培养优秀的下一代。

(本文是1998年6月,广东省"以德育人、教子有方"优秀家长报告团的演讲稿)

二 高考状元成长记

　　海天从小就是一个极认真的孩子。有一股不服输的精神,读小学时,不管老师布置多少作业,他一定在当天完成。因此,小学时的学习成绩一直很稳定,一般在前五名之内。他很细心也很顾家,每逢天突然要下雨,他都会从学校冲回家收好晾晒的衣服,关上门窗,这在许多同龄孩子中是办不到的。他从小就养成节俭的好习惯,从来不乱花钱买零食。他也乐于助人而不贪别人的钱财和东西。读小学四年级时,他在楼下捡到 50 元钱,很快将其交还失主,此事在当时被茂名市传为佳话。海天有很多事是受到哥哥海川的影响的,哥哥做什么事他都跟在后面做帮手,而不管哥哥愿意与否。海天打羽毛球就是向海川学的。

　　海天从小与老乡吴长荣之子吴昱很要好。他比吴昱小两岁,因此,他总把吴昱当哥哥一样看待,吴昱有什么爱好也影响了他。吴昱收集火花(火柴盒的图案),他也跟着集火花。由于吴昱的学习成绩一直很好,海天把他作为学习的榜样,向他学习。海天是一个很有个性的人,他一方面向吴昱学习,另一方面他又暗下决心一定要超过吴昱。就这样,两人既是好朋友互相学习,又是互相竞赛,你追我赶,好不紧张。海天又不是一个盲从的人,比如参加奥林匹克数学竞赛一事,海天就没有盲从凑热闹。吴昱参加学校奥林匹克数学竞赛训练,并取得较好的成绩,经常到广州、北京等地参加比赛,确是很光彩的事。海天对数学很有兴趣,学习成绩也不错,升入初中时也报名参加学校的奥林匹克数学竞赛培训,辅导老师郑老师对他倍加关注,有意把他培养成一位数学尖子。可是进入初中二年级时,海天提出不参加奥数训练班了,我们觉得奇怪,海天把他的想法告诉我们,说他参加训练班得用去全部课余时间专攻数学,就无力顾及其余的功课了。这样,数学学科的成绩虽然名列前茅,但是却影响其他科目的成绩,不如稳住现在数学学科的优秀成绩,加大其他科目学习的力度,全面发展,争取良好的总成绩,待升上高中后再确定自己未来发展的方向。我们认为海天的分析是对的,很佩服他小小年纪就能把问题想得这样深。我们陪着他向班主任梁涛老师和数学课郑老师说清楚不参加训练班的理由,他们被说服了。郑老师对海天不参加奥数训练班表示惋惜,梁老师却另有一番见解:海天一定能够成为茂名市一中的学习尖子。我们对梁老师的话将信将疑。

1992年年初,我家从河西区搬到官渡区居住。这样,学校离家的距离就远了一倍的路程。为了让海天节省从家到学校的往返时间,并且确保安全,也为了让他有一个安静的学习环境,我们让海天在小姨家寄宿。就这样,海天开始了他从半独立到完全独立的求学过程。

1992年7月,海天以全市第三名的成绩考取茂名市第一中学读高中。全校高中招生共五个班,他们学校编班的原则是第一名编在第一班,第二名编在第二班……第五名编在第五班,第六名又编在第一班,依此推算,海天编在第三班,是第三班的第一名。第三班的班主任老师是从初中部升上来的梁涛老师,他兼教三班的语文课。所以三班从师资条件到学生素质都属于中等水平,并不被人看好。当时海天有过一些想法,他认为以自己的考试成绩,就读某一中肯定是第一名录取,可是在市一中却被安排在普通班里,不受重视,因而他很想转学到某一中读书。我们考虑到茂名市一中已经是广东省重点中学,师资力量较强,校风也好,学生们都有一种危机感,大家都在努力向上,这要比茂油一中强一点。因此我们和海天好好讲明道理,劝他先读下去,如果一年后还觉得市一中不好再想办法转到某一中读书。他接受了我们的建议,安心在市一中读书。

海天以读书为人生第一乐事,全心全意读书,心无旁骛。他有严格的作息时间表并且风雨无阻,持之以恒地执行。每天早上六点半钟起床,漱洗,吃完早餐,七点上学。中午十一点半放学,他都是十二点才离开教室回家,吃完午饭,休息到两点回学校。下午放学后,他也不立刻回家,先锻炼身体或者学习一个小时再回家吃晚饭。七点准时回学校上晚自习,学校十点结束自习,但是十一点熄灯,他坚持自习到学校熄灯才回家。星期六下午,他一般四点到市体育馆打羽毛球锻炼身体,星期天他照常到学校学习,只是回到自己家中吃午饭和晚饭,并带些学习或生活用品回到小姨家中。高中一年级期终考试,海天成绩全班第一,列全年级第二或第三名,与第一名仅 $1\sim2$ 分之差,海天很不服气,决心第二年争取全年级第一名。他为此想了很多学习方法,抓基础知识的掌握,在知识的细微处不马虎,考试时做到大处不出错,小处不丢分。高二年级开始,海天的学习方法取得良好的效果,不论期中考试、期末考试他都名列全年级之首。当我和他前往拜访梁涛老师,谈到海天的学习成绩时,梁老师不无自豪地说:从海天当时的成绩和学习方法、知识面来看,他保持全年级第一名的目标太低了,应该争取全省第一名。我从心里十分佩服梁老师的气魄,但我又怕这个提法会给海天增加太大的心理压力,所以我淡淡地说,不定任务,尽力争取即可。

升入高三后,由于理科生应试减去政治学科,而政治学科是海天得分的重要科目,政治学科他每次得分都在 98 分以上,甚至满分。减少政治学科后,海天的排名降回到全年级第二或第三名,这对海天的情绪有一定影响,好在他自己很快便想通了,把自己相对弱项的物理和化学补了上来。就在从第一名退到第二、第三名的变化中,海天的心理得到较好的调整,克服了图虚名的虚荣心,思想更成熟了,把全面掌握知识作为学习的目标和动力,因此,他扎扎实实地学好每一门功课,这对于他后来高考取得好成绩是极有好处的。这次海天成绩一退一进的过程也解除了我们的担心:怕他长期成绩名列第一,心理素质脆弱,经受不住高考这样大场面的考验。此后,我们对海天在高考中能取得优异成绩已经完全心中有数了。

对于海天上什么大学,我们也有所考虑。认为海天应该到北京去上学,如北京大学、清华大学、中国人民大学等都是国内外著名的高等学府,在这些大学里读书,可以学到真本领。为了对这些大学有一个较全面的认识,1995年3月,我利用到北京出差的机会参观了上述几所学校,比较下来还是觉得北京大学的条件好,决心让海天报考北京大学。我把情况向海天通报,他也表示愿意报考并有信心考上北京大学。从此,他就一心一意做报考北京大学的准备。

距离高考不到一个月时间了,学校照例召开最后一次家长会,我依然第一个来到大会议室并坐在第一排中间位置,认真地学习当年高考的政策并决定采取的对策。家长们陆续进会场,形态各异,个别成绩好的学生家长趾高气扬,好像自己的子女已经考上了大学似的。一些大款家长根本不关心会议内容也不怕影响别人,自顾自大声地打电话,很让人讨厌。我把高考招生指南和志愿表带回家研究,我们认为现在国家发展市场经济,必须有金融业的支持,而我国金融业并没有真正发展起来,还有很大的发展空间。因此,我们建议海天第一志愿报考北京大学经济学院国际金融专业。海天愉快地接受这一建议,我们很快填好志愿表送交梁涛老师,梁老师也认同海天的志愿。现在是高考的一切准备就绪,只等上考场了。这时出了一个小乱子,不知哪位心胸狭窄的同学出于嫉妒心,趁午饭时间把海天等几个学习成绩较好的同学的书包和书偷走了,甚至把海天的眼镜也偷走了。书和书包将要结束它们的历史使命,可是没有眼镜无论如何是无法参加考试的。海天很冷静,首先冲到眼镜店配了一副眼镜应急,并没有受到此事的影响。

学校为了让考生放轻松一下,精力充沛上考场,高考前放假三天。这三天海天除安排打一场羽毛球外,还安排一次钓鱼。以前海天和我钓过几次鱼,有时候很有收获,但有时候也空手而归。因此,对于这次钓鱼我寄予很大的希望,希望他能钓到很多鱼,以鼓舞他的斗志,但同时也很担心,怕他钓不到鱼影响他的情绪,从而影响考试。那天钓鱼真是天助,鱼就是咬海天的鱼钩,并且都是三斤上下的大鱼,他一连钓上十几条鱼。海天十分高兴。我虽然两手空空,但比自己钓到鱼还高兴。

高考的前一天傍晚,海天回家来做最后的准备,他和我们约定,考试期间不去打扰他,让他全心全意赴考。我们要他放下思想包袱,冷静对待每门功课。我们拿出《羊城晚报》上刊登的一则经验给他参考,即考试时吃一两颗糖果,可以起镇静、清醒头脑、调整心态的作用。对此经验他也认为可行,因此把我们给他准备的糖果带在身上。高考的第二天晚饭后,我们还是憋不住了,悄悄到小姨家去看他。我们看到海天在他房间随便翻翻书以放松头脑,见我们来看他,他只淡淡地说:"一切都正常,你们回家吧!"我们只好心里痒痒地回家。当第三天考完试后他回到家,我们再问他考试成绩时,他毫无表情地说不理想,很累,只想好好睡一觉。既然如此,我们不再谈考试的事,索性让他好好休息几天。

过了几天,小姨告诉我们,她们学校有一位老师在市一中考场监考,看见有一位考生特别镇定,嘴里含着一颗糖,答题快,别人还没有做完数学题,他已全做完了,还有时间检查。小姨猜这个人就是海天。

7月中旬,我因公出国到南非去,心里无时无刻不在牵挂海天的高考成绩。当地时间27日晚12时,正好是茂名28日早上6点整,我拨通家中电话。絮吟在电话中高兴地告诉我,海天高考成绩900分,名列广东省理科第一名,是茂名市建市三十多年来的第一个省理科状元。听到这一消息,我非常高兴。和我在一起的同事许春临也同样高兴,为我们家祝贺。海天为我们家、为茂名市一中、为茂名市争了光。这也是我们全家二十多年来共同奋斗的结果。提到"二十多年",我认为这一成果的取得应该从海川开始,我们通过二十多年的不断探索,实践,改进教育和学习方法,日积月累,来之不易啊!值得我们一家好好庆贺。同时我们也深知,人生道路漫长,一次的成功不能代表一辈子的辉煌。海天对此考虑得也很深远,当人们向他表示热烈祝贺时,他已在为未来的学习征程做准备了。

(本文是林南通在林海天考上北京大学后,应茂名市第一中学的要求写成的)

三 吉祥草

——茂名石化医院妇产科专家蔡絮吟写真

乔先

吉祥草,又名牺牲草,佛教传说中为得道成佛者所拥有。吉祥的本质是牺牲,没有勇者的牺牲,哪来人间的吉祥?

——题解

(一)

1996年3月中旬,春雨迷蒙。茂名石化医院妇产科门诊部里挤满老老少少的病人,瞧那架势,你就知道做女人有多难,别的不说,单就生理这一条,就比男人多出许多名堂,怪不得那家医院的妇产科总是"香火旺盛"。今天轮到科主任蔡絮吟主任医师坐诊,那热闹劲更不必说了。从医几十年的蔡絮吟,早已习惯这种场面,她总是显得沉着镇静,有条不紊。

突然,一个女人粗急的嗓音搅碎了妇产科的气氛:"蔡医生,求你救救这孩子……"蔡主任心头一惊,下意识地站了起来,此刻映入眼帘的是一个瘦得失形的女孩,眼眶深陷,眼睛大而呆滞,面色晦暗,有经验的人一看便知道那是死神笼罩的气息。女孩上气不接下气,颤颤地,连站立的力气也没有,搀扶着她的是一对老实巴交的乡下男女,大概是她的父母。

"蔡医生,你看这孩子……唉",说话的是刚才那个大声喊叫、身着工装的女人,她又黑又瘦,却显得善良而精明,由于焦急,说话也结结巴巴了。

"你是他们的什么人?"蔡絮吟问。

"我是茂名石化建材公司的李明霞,他们是化州乡下我娘家的邻居。这

177

孩子命苦啊,给误了……"话没说完,旁边被搀扶的生病的女孩突然双膝跪下,嘤嘤地哭道:"医生,阿姨,救救我,我要活,我要活呀!"

童稚求生的呼喊,震撼着每一个人。

病孩叫李小飞,十五岁,正是花季少女,病前是个结实丰满、活泼可爱的小姑娘。1995年初,她突发腹痛,住院诊断为"卵巢囊肿",做开腹术,无转机;两个月后再住院,被诊断为"阴道闭塞",做阴道手术,病情依然故我;半年后病情加剧,第三次住院,又被诊断为"阑尾炎",复做开腹术。同一种病,生出三种名堂,动了三次刀,结果是腹部留下两个常年流脓的刀口,病人离死神仿佛愈来愈近。而女孩那个百孔千疮贫困的家,已被折腾得连最后一只母鸡也留不住,还欠下一屁股债。父母已山穷水尽,只好狠下心打算把小飞拉回家里等死。但"等死"也并不那么容易,那些"乡亲父老"出面干涉了:"不能进村! 死在村里晦气遭灾,扔野外算了!"终于有一位慈祥的老人站出来了,他是合江镇上修钟表的,叫晚叔,是个残疾人,也许一辈子苦难太多,对他人的苦难格外敏感,他说:"猫狗还不能随便扔呢,何况一个活人! 姑娘就留我这里,由我来照顾她吧。"也合该李小飞命不该绝,那位急公好义的建材公司女职工李明霞回娘家时闻说此事,连忙找到李小飞父母:"快,我带你们去找咱公司医院的蔡医生,蔡医生医术高明,心肠又好,只要小飞不是绝症,一定有得救!"

"唉,已经欠下一万多元,再也没人敢借钱给我了……"

"救命要紧,钱的事,再想办法!"

……

蔡絮吟听罢,内心涌起一阵难言的苦涩。经检查,她断定李小飞是子宫畸形积血引起腹痛,本来并不复杂,却因一再误诊,手术又草率,刀口感染造成瘘管,导致脓液渗流,迁延日久,病入膏肓……

必须马上手术! 可是,这样一个形销骨立、奄奄一息的躯体,捱得起这充满风险的第四刀吗? 但不动手术,势必连一线生的希望也彻底失去!

饱经杏林风雨的蔡絮吟,看过的病人成千上万,什么凶险复杂的情况没见过？但这次她却心绪难平。病人才十五岁,刚刚步入浪漫的花季,还来不及细想瑰丽斑斓的未来,便无端被推上阴阳界。她那充满恐惧的眼睛里,闪动着求生的希冀和渴望,看一眼都令人心颤。

"马上收治,准备手术!"蔡絮吟下了决心。眼下没有病床,可以在病区里加床,问题是钱,入院需交 3 000 元押金,这是医院的规定,而李小飞家里搜遍全身才只有 700 元,这 700 元还是李明霞给她的。蔡絮吟立即从口袋里掏出 100 元钱,说:"你们先给孩子买点营养品,其他的,再商量。"

院领导听取了蔡絮吟的汇报后十分同情,可当家人有当家人的难处,商品经济没有真空,不考虑经济效益日子没法过,医院不是慈善机构。但人道与良知又是无价的,领导一锤定音:"特例特办,救人要紧,无论什么药物,该用则用,不惜代价!"

李小飞太幸运了! 她遇上了真正的天使。这家有着工人血统的企业医院以其朴素的举动诠释了白衣天使最本质最永恒的主题。

一场救助贫苦农民之女李小飞的捐款行动在医院里发起了。医院领导、妇产科主任蔡絮吟及其科室带头捐款,其他医护人员和实习医生、病区病员、家属纷纷慷慨解囊。社会上也反响强烈,茂名石化公司电视台跟踪报道,港澳同胞叶春强先生也当仁不让……短短几天,捐款就达 8 000 多元。

经过周密的准备,由蔡絮吟、外科主任刘演波主刀,为李小飞进行第四次手术,彻底切除了她体内的包块和瘘管。

死神松手了,李小飞笑了。半个月后,病人康复出院。李小飞父母领着女儿给医院献上一面锦旗,并在妇产科长跪不起。

"医生,阿姨,我要好好做人,好好干活,一辈子报答你们。"元气初复,脸现血色的李小飞泪流满面。

"好人哪! 李小飞的命是你们给的呀!"

蔡絮吟噙着热泪,深情地扶起他们,喃喃地说:"咱们都是好人!"

好人——人类最鲜活的字眼,世上最夺目的亮色。正因为好人多,活着才温暖、有盼头。

（二）

不孕症是困扰人类一大尴尬的难题。生育，不仅仅是简单的生理活动，也不仅仅是一个家庭的传宗接代，而是整个人类文化精神生生不息的纽带。

大家都公认"母性的伟大"，而在现实生活中有时都显出这种颂扬的虚假和廉价。别的不说，单说生育，一个女人婚后不孕，那就注定了她或将成为悲剧的角色，承受着人格与尊严的巨大伤害。这种事儿蔡絮吟见得太多了。有一位无业的女青年结婚七八年没有生育，整天在家人的歧视和讽骂声中吞悲忍泪，丈夫和公婆骂她既不能挣钱又无能生仔，简直是废物一个！最后家庭濒临解体……作为妇产科医生，蔡絮吟感到心情沉重。她暗下决心，要努力提高自己的医术，为同胞姐妹争一口气，酿造一块媚丽的天空。她向不孕症挑战了！她如饥似渴地研读大量中外医学文献中有关不孕症的论述，探究引起不孕症的病因病理，摸索出一套稳妥可靠的治疗方法，终于渐渐"悟道"，喜报频来。炼油厂有一女工结婚四年不见动静，求神问卜，药石乱投，就是难结珠胎，弄得整个家庭愁云苦雾，女工也感到"罪孽深重"，抬不起头。蔡絮吟诊断后，认定这女工的病是一种少见的"垂体肿瘤"在作怪。经蔡医生治疗后仅两个月，即报"有喜"，后来产下一个又白又胖的男孩，全家比获得大奖还高兴。十多年来，经蔡絮吟收治的不孕症患者五百余例，治愈率达70%以上，被人们誉为"送子观音"，蔡絮吟的名声也越传越远了。尽管这70%的成功率已经引人刮目，但她并不满足，她总觉得传统常规的诊断手段显得过于局限，女性的生殖系统精细复杂，内里乾坤难以捉摸，总不如眼见为实，但不能动辄"开膛破肚"啊。如果能在肚子里安上一只"神眼"该有多好！这样的"神眼"有没有呢？有的，那就是近年引进的洋仪器——腹腔镜和宫腔镜，只需把它置于体内，病变便会在屏幕上纤毫毕现，无所遁形。但这洋玩意昂贵得很，技术要求又高，在国内还没有多少大医院用得起，偌大的粤西地区还是空白哩。想吃这块"天鹅肉"得有大勇气大决心。蔡絮吟工作的这家企业医院气度不凡，领导说，这对我们科研、教学、临床意义重大，直接造福病人，代价再高，也要想办法上！在 20 世纪 80 年代,他们花了近 80 万元,买进了这两套洋设备,让许多医界同仁赞美不已。

借助先进的检测手段,蔡絮吟把自己的才能发挥得淋漓尽致。一位青年妇女腹痛,呕吐不止,辗转省市各大医院,花了万余元仍无起色。蔡絮吟用腹腔镜一查,发现是肠管与子宫粘连。手术处理后马上能吃东西了,折腾了好几个月的顽疾愈于一旦。许多从前需开刀才能完成的手术,如子宫纵隔、黏膜下子宫肌瘤、子宫内膜息肉等的切除,现在均可由电切环在宫腔内完成,可免挨刀之苦;尤其是严重的功能失调性子宫出血患者,按以往需切除子宫,如今只需切去子宫内膜,治愈率 96％以上,患者创伤小、痛感轻、出血少、恢复快、术后当天即可下床。而更重要的是能够保留子宫——这可是人类的"摇篮"啊!

挑战是勇者的本色。在挑战不孕症的同时,蔡絮吟往往要面对另一个女人的夺命杀手——卵巢癌,一个再强健再有能量的生命,一旦遭到它的袭击便会轰然倒下,转眼间灰飞烟灭!作为妇产科医师,那沉重酷烈的内心体验是常人难以想象的。"我憎恨死亡,憎恨命运对女人的不公,决心闯一闯这个凶神恶煞的必然王国。"她潜心研读大量中外文献资料,逐步摸索出一套解决方案。1995 年,外科收治一位 36 岁的女工,挺着个大肚子,走路一拐一拐的,面黄肌瘦,严重贫血。外科请蔡絮吟会诊,确诊为卵巢癌晚期,腹股沟两个拳头大的转移性淋巴结压迫下肢引起跛行,病情危重,其家人已经为她准备后事了。病人还很年轻,上有老下有小的,蔡絮吟心中为之戚然。开刀!她提出一个大胆的想法。历来视癌症晚期手术为"禁区",她是十分明白的。但谁又敢说,医学的进步,不是在闯过一个个死亡禁区中实现的? 世间万物,生命最足珍贵,哪怕能延长一分一秒,也要与死神争夺!她的建议得到了家属、单位和医院领导的支持,还请来了广东医学院妇产科教授进行协助,制定了周密的手术方案。手术那一天,在一双双紧张而期许的目光中,蔡絮吟从容登上了手术台。这是一场充满风险的尝试,一场智慧和意志的考验。手术从早上八时半开始,至下午四时结束,执刀近八个小时的蔡絮吟,脸色苍白,汗水

中国知识分子的优秀品格:自尊、自重、自强。人们爱说成功者的背后站着个伟大的谁,这对他们不适用。夫妻、孩子谁也不想站在谁的背后,而是站在同一起跑线上竞跑、互助、勉励。蔡絮吟夫妻忙得连全家聚拢在一起吃一餐饭都很难,根本没空研究什么家政或高深的教育学,他们只用自身的道德风范教给孩子最朴素的为人之道,那就是良知、自律与刻苦、勤奋。

蔡絮吟与林南通先后荣获茂名石化公司劳动模范称号,她的家庭被评为1996年度公司文明家庭。

当蔡絮吟拖着疲惫不堪的身子从病房里走出来的时候,笔者笑说:"看你这么辛苦,下辈子还敢当医生吗?"她也笑着回答:"别的干不了,也只好当医生啦。"

一个生命降生到世上,如果能被众多生命需要,这个生命就是热辣辣的,有光泽的!

(作者乔先为茂名石化报记者,本文采写于 1998 年 11 月 15 日)

四 我爱我的家庭

——1987年林海天在茂名石化公司文明家庭经验介绍会上的演讲

我叫林海天,我家有爸爸、妈妈、哥哥和我共四口人。我爸爸林南通在茂名石化公司南海高级润滑油公司工作,妈妈是职工医院医师,哥哥是茂名市第一中学高中一年级学生,我在茂名市第二小学读书。我们家是一个温暖幸福的家。

爸爸工作很忙,他下班回家,除帮妈妈做家务外,一有空就看书学习到深夜,他平时几乎不看电视或电影。有一次让我们哥俩缠不过,星期六爸爸就去买了四张电影票,一家人准备去看电影。我和哥哥不知有多高兴,拿好水果和零钱正准备出门,这时候爸爸的同事来敲门,告诉爸爸工作上有急事必须立即处理。爸爸向我们表示歉意地说:"你们先去看电影,我完工后一定来陪你们。"爸爸蹬着自行车走了,电影快结束时他才来到电影院。即使这样,我们全家也还是非常满足和愉快。

爸爸平时很节俭,总是说小时候生活怎么苦,吃不饱穿不暖,现在生活好了,一定不能乱花钱。可是他很舍得花钱订购书报杂志,我家订有几份报纸杂志。周末,爸爸会带我和哥哥去书店,给我们买一些学习用书。今年"五一"节,他带我到河东书店,给妈妈买了一本《中国共产党章程》,给我买了一本《给小学生讲法律》。我们虽然晒得汗水直流,但却高高兴兴地过了个好节日。

爸爸还会做一手好菜,他做的烤面包、炸鱼和酸黄瓜特别可口,他做的意大利肉饼我更喜欢吃。每次当妈妈、哥哥和我吃得津津有味的时候,他总是在旁边开心地笑着。

妈妈是一位好医生，工作认真负责。有时她白天上班，晚上还要赶到医院做手术。手术一直到天亮，她拖着疲惫的身体，喝一碗粥又去上班了。妈妈不辞劳苦地为许多病人解除疾病的痛苦，她的头发白了许多，身体也差一些，可她从来没有向别人炫耀过自己的成绩。妈妈的工作得到许多病人的好评，平时常有许多被她治好病的阿姨来看望她，我为妈妈感到光荣和骄傲。

爸爸妈妈经常在一起研究学习，讨论工作中的问题。有一次爸爸妈妈合作翻译了一篇国外的文章，得了稿费，妈妈很高兴，上街买了一些小礼品送给哥哥和我，还买了一些水果，全家高高兴兴地庆祝一番。

爸爸经常出差，这时妈妈就承担了全家的生活重担。妈妈特别爱整洁，也爱种花，她总是把家里收拾得干干净净，布置得整齐大方。妈妈对哥哥和我的学习也特别关心，她要求我们做有志气、爱学习的好孩子。她对我们要求很严格，我们既怕妈妈又喜欢妈妈。

哥哥有不少优点。他从小爱动脑动手做东西，他的手工做得特别棒，收音机、电子表和闹钟的小毛病他都能修好。他把爸妈给的零用钱存起来买半导体零件，买化学实验的小试管和一些小药品。他做这些事的时候我总是上前帮忙，可是往往帮倒忙。他怪我，骂我笨，我不服气，两人就吵起架来。我在一旁赌气，他继续做试验，不理我。等到试验成功了，哥哥叫我来看，我又找爸妈来看，好像是我做的试验一样。两人气消了，哥哥向我道歉，两人又和好如初。每天放学回家，我们哥俩总要在一起玩一会。如果见不到我，哥哥就急得到处找我，我们两人就是这样打打闹闹，亲亲热热。

哥哥读小学的时候学习成绩不错。可是在初中一年级的时候，由于学习方法不对，成绩下降。他自己着急，爸妈也着急。爸妈没有单纯责骂他，而是买参考书辅助他学习，帮他克服缺点，改进方法。他慢慢地适应了，到初中三年级时，他的学习成绩是年级里较好的，因此，考进茂名市一中高中。学习成绩提高了，他的性格也开朗起来，关心集体，还入了团。今年"五四"青年节，他还被评上了茂名一中的优秀团员呢，我得好好向哥哥学习。

　　我今年十岁,在市二小上四年级,是学校的优秀少先队员。我除了好好学习外,还喜欢收集邮票,看课外书,打乒乓球。我集邮有三年了,由于全家的支持,加上亲戚朋友的帮助,现在我已集邮近两千张。我喜欢的书是《上下五千年》《世界五千年》等一些有教育意义的书。吴运铎爷爷写的《把一切献给党》也是我最喜欢读的书,去年寒假的时候我又读了三遍,还写了心得呢。我要像吴运铎爷爷那样,好好学习,长大把一切献给党。

　　我学打乒乓球是从去年夏天开始的。每天晚饭后,爸爸就带我到我们学校操场上练上二三十分钟的球。我的技术进步很快,我对打乒乓球也入了迷,回家就在饭桌上练发球、推挡。一个偶然的机会,教练发现我打球姿势不错,就让我参加茂名市少年乒乓球队。正规练球虽然苦一些,但是我不怕,我要学习江加良叔叔,将来为祖国争光。

　　由于爸爸经常出差,妈妈也常上夜班,哥哥到学校上夜自习,家里只剩我一人,还真有点怕。可我想到少先队员要支持爸妈工作,要勇敢坚强,我就不怕了,在家安心做好功课。

　　看到爸妈那样忙,那样努力工作,那样受到大家的尊敬,我和哥哥就更加尊敬爸爸妈妈了。有什么事,我们总是告诉爸妈。吃饭的时候,我和哥哥总是先把饭端到爸妈面前。有什么新奇的东西,我们从不独点,总是全家人一起分享。有时看到妈妈回家太累了,我就给妈妈唱支歌,或讲个笑话,撒个娇,引妈妈笑,让妈妈高兴。有时吃完晚饭,我和爸爸下盘棋,让爸爸休息一下。

　　我们一家四口人,互助互爱,努力上进。我们家是一个温暖和睦文明的家。去年,我们家被评为茂名石化公司和茂名市的五好家庭。我爱我的爸爸、妈妈和哥哥,我爱我的家庭。

五 林南通：为祖国健康工作50年

宏川集团总裁办公室　胡从意

在宏川智慧的库区现场，常能见到一位精神矍铄的银发老人忙碌的身影。老人没有架子，和蔼可亲，与人交谈时总是带着慈祥的笑容。他就是宏川员工所熟知的林南通先生，员工们亲切地称他老林总。

老林总如今是76岁的高龄，已经为祖国健康工作了50余年，但他仍然精力充沛，主抓宏川集团的基建工作，兢兢业业在工作岗位上奉献。

（一）60岁迎接大挑战

老林总20世纪60年代毕业于南开大学化学系，毕业后分配到中石化茂名石化公司工作，直至退休。但是他没有像大多数退休人员一样，选择在家抚弄花草、颐养天年，而是开启了另一段新的职业生涯。

闲不住的老林总在2000年加入宏川集团，负责集团的基建管理工作。

在茂名石化公司的工作生涯中，老林总先后任中国石油化工股份有限公司茂名公司研究所技术副所长、茂名石化公司南海高级润滑油公司总经理、茂名石化公司外事处处长及中石化国际事业公司茂名分公司总经理等职。很多人都认为老林总是抛不下数十年的石化情结才选择加入当时从事石化贸易的宏川集团的，算是与石化行业再续情缘。

2004年，随着宏川集团开始动工建设第一个大型石化仓储项目——东莞三江港口储罐有限公司，老林总便投身到石化仓储项目的基建中。虽然身在石化行业，但对长期从事石化技术研究和外贸业务的老林总来说，这等于是跨行业,进入了一个陌生的领域。连他自己也坦言:"以前在中石化茂名公司主要是做研究、生产营销和外贸,对搞基建完全是外行。"

为什么在 60 岁的时候迎接这样一个巨大的挑战?只因老林总有一颗强烈的事业心。

东莞三江港口储罐(以下简称三江港储)是宏川集团由化工贸易向石化仓储转型的关键一步,关系着宏川集团未来的生死走向,只能成功不能失败,这是老林总选择亲力亲为的一大原因。

(二)饮下"头啖汤"的艰辛

东莞三江港储项目是宏川集团的一次转型,此项目是立沙岛的第一个拓荒项目。

当时的立沙岛是珠江口一个农耕小岛,基础设施一片空白,地质条件也不好。面对这一片荒地,以及困难重重的施工环境,对基建外行的老林总并没有被吓倒,他拿出多年来的钻研精神,开始钻研基建。

回忆当时的情景,老林总说:"当时主要是通过三条途径学习基建,一是从书本中学习,二是向内行人士学习,三是找朋友咨询,解决疑惑。"

环境艰苦,条件艰难,不利因素重重,可以说是摸着石头过河,饮下这口"头啖汤"的过程很艰辛。

在老林总的主导下,经过宏川人三年的艰苦奋斗,三江港储的第一期项目在 2007 年顺利投入运营,罐容为 11 万立方米。有了第一期的经验,第二期很快顺利建成,并在 2009 年下半年投入运营,罐容增加到 24.13 万立方米,无论是码头吞吐量还是储罐总库容等关键指标均在华南地区名列前茅。

有了东莞三江港储的基建经验之后,宏川集团的基建项目基本是交给老林总负责,从华东地区的太仓阳鸿库、南通阳鸿库的收购、扩建,再到东南地区正在建设中的福建港能项目,以及新近投入运营的宏川仓储、宏元仓储两个项目,基建都是老林总一手主抓的。

这些年,老林总长期出差,在华东、东南、华南等项目中穿梭。而在 2020

年疫情防控期间,他没办法出差,只能坐镇东莞三江,但时刻关注福建港能等新项目的进展情况,那颗闲不下来的心始终在躁动。随着国内疫情的逐步缓解,"五一"期间,一刻也闲不住的他便迫不及待地奔赴华东、东南的项目处,实地跟进两地的项目进度。

可以说,老林总是宏川集团由贸易转型石化仓储的开路人,他主抓基建,为宏川集团转型之路夯实了基础。但同时又是科技创新、环保和安全工作的主要策划者和践行人。

(三)真诚相待的朋友是最大财富

回想起自己的工作生涯,老林总认为他获得的最大财富就是有一帮真诚相待的朋友。正是这帮朋友,无论他走到哪里,遇到困难,都能得到他们的帮忙。他感慨地说:"大家是真诚相待,互帮互助,讲道理,讲原则,坦荡相交。"

东莞三江港储成立之初遭遇的就是资金难题,实缴注册资本要钱,项目开工建设要钱……用到钱的地方太多。而当时的宏川集团资金实力还说不上雄厚,面对困境有点捉襟见肘,资金周转艰难时,一帮真诚的朋友给予了无私的帮助,比如有中国香港的朋友提供了无息借贷,有工程的合作方在工程进行过程中,基于对老林总的信任,从未催收工程款,等等。正是在这些朋友们的帮助下,才大大缓解了宏川当时遭遇的资金周转难题。资金一旦到位,宏川立即如数还清所借款项,彼此间建立了良好的信誉。老林总非常感恩朋友的帮助,在朋友需要帮助时,他也会无私地出手相助。

在东莞三江港储项目的建设上,老林总与合作方成为坦荡相交的朋友,并形成了长期合作关系。因此宏川后面的太仓阳鸿扩建等项目再次与这些公司合作,把项目放心地交给他们去做,双方实现合作共赢。这帮朋友一起见证了宏川智慧的发展壮大以及上市,他们也因此在资本市场得到了回报,而且通过建造宏川的工程项目赢得了口碑,打亮了招牌,并获得了更多的工程项目业务。

（四）健康工作的秘诀

如果从中石化茂名公司退休算起,老林总已经退休 20 年了,但他在宏川的事业起点却是从退休开始的。

如今的他已经 76 岁,仍然精神矍铄,一直保持着年轻的心态,健康地奋斗在工作岗位上。他非常乐意跟年轻人交流,这样他总能了解新的事物,学到新的东西。

老林总 20 世纪 60 年代毕业于南开大学,他始终记得时任校长杨石先老先生的一句话:"为祖国健康工作 50 年。"这也是那个时代深入人心的一句话,这句话一直激励着他奋斗在工作岗位。

而今算起老林总的工作年限已经超过了 50 年,但他仍然保持着健康的身体、良好的精力,勤勤恳恳地在工作岗位上奋斗。

老林总如此的年纪,尚且保持如此良好的精神状态,有什么秘诀?

对此,他总结道:"一是有事业心,二是保持精神的亢奋,三是有良好的健康生活习惯。"前面两点在老林总 50 余年的工作生涯中已展现得非常明显。

健康的身体是工作的本钱,老林总说:"我从不熬夜,如果有工作当天完不成,我会在第二天早起加班完成。"

老林总的作息时间非常规律,每天早上五点半起床洗漱,六点到七点散步一个小时,七点半吃早餐,八点出门上班。中午会打盹休息一会,确保下午上班有一个好的精神状态。下午下班回家后,他会练字一个小时,让大脑从工作状态中脱离出来,也让自己能静下心来,这是他的另一种休息方式。晚上七点半用过晚餐后,他会看一会电视,吸收正能量,比如《外交风云》《亮剑》等。据他透露,他的不少工作方法是从电视上借鉴来的。之后是在晚上十点准时上床睡觉。

已经为祖国健康工作 50 余年的老林总,下一个目标将是为祖国健康工作 60 年。

（2020 年）

六 无悔人生

蔡絮吟

　　我于 1946 年 11 月 26 日出生于浙江省松阳县西屏镇,这是我的祖籍地。因为父母均在武汉工作,我幼时由祖父母代为抚养。祖父是地地道道的农民,他有弟兄三人,家中劳动力充足。我目睹祖父及叔祖父们日出而作,日落而息,勤劳耕作,因此,家庭生活还算富足。我在家乡读完小学,过着无忧无虑的生活。我特别喜欢看课外书,寒暑假时将小县城图书馆的小人书都看了个遍,还去看地方戏、电影,心中常常充满幻想。

　　1958 年小学毕业的那一年秋季,我十二岁。爷爷坐火车送我到在武汉工作的父母的身边。父母都在武汉协和医院工作,现在称为华中科技大学协和医院。父亲是药剂师,母亲是助产士。我的初中阶段是在武汉市第三十四中学度过的。1958 年正是"大炼钢铁"的年代,学校也建起了炼铁炉。初三时我奋起直追,终于以较好的成绩考上武汉市第五中学高中。我高中阶段学习刻苦,成绩很优秀,尤以语文、化学、外语成绩良好,其他各门功课也得到均衡发展。我中学阶段阅读了许多文学著作,如四大名著、《郭沫若文集》和《鲁迅文集》以及外国作品,如《牛虻》等,是图书馆的常客。此阶段初步形成了我自己的人生观和世界观,同时期待进入高等学府深造。我的家就住在协和医院家属区,耳濡目染,我的高考志愿大都是医学或药学,当然还有化学。

　　我于 1964 年顺利考入武汉医学院医疗系(六年制),即现在的同济医科大学。1964~1966 年,我们完成了基础课理论学习。后来由于众所周知的原因,中间有一段时间没上课。1968 年年初开始断断续续复课,我们得以上临床课,以及到附属医院见习。中间还经历了工人宣传队进校、徒步到边远农村接受贫下中农再教育……

1970年7月9日,工宣队突然给我们开毕业分配动员大会,要求1963届、1964届(我所属的应届)、1965届三届医学生一起毕业走出校门,其他院校也是如此。一时间,毕业大军浩浩荡荡,大家匆匆忙忙,奔赴各自的工作岗位。除少数"根正苗红"的同学留校任教或工作外,大部分同学被分配到湖北省各县、区医院,以基层医院为主,有少部分同学被分配到当时认为最偏远、最艰苦的山区,如恩施、郧阳等地。由于男朋友林南通在广东省茂名市石化公司工作,经过我向工宣队反映客观情况后,我被分配到湖北省随县。该地区在铁路沿线,交通较为方便。我想这是工宣队为我所做的一件值得感恩的事。

我被分配到随县英店区人民医院。我作为武汉市的女大学生孤身一人来到农村的基层医院工作,人们既好奇又担心,担心我不能适应农村的艰苦生活和简陋的医疗条件,而我却坚持下来了,同时开启了我作为妇产科医生的第一站。在该院一位资深老助士的协助下,我们尽力为来自四乡八村的妇产科病患者解除病痛、完成人工流产等各项计划生育手术、开展新法接生和处理难产等医疗工作。我的工作逐渐得到病患及医院领导的认可和赞扬。我于1970年12月底前往广东省茂名市,与南通举办了简单的婚礼。1971年南通也请探亲假到随县团聚。

我于1972年6月20日在武汉市第一人民医院顺利产下我们的长子林海川。孩子满月后由南通护送我们母子回到随县英店区人民医院。刚开始,在我上班时,海川交由同医院一位同事的母亲照顾,后来请了一位专职保姆照顾他。由于当时农村的卫生条件较差,到了夏天,海川的头上长了脓疮,痛得他直哭,经医生切开引流后方得痊愈。现在回想起来,孩子幼时跟着我也是吃了苦头的。经过南通和我的共同努力,我于1974年10月调入南通的工作单位——中国石化茂名石油化工公司,被分配在职工医院妇产科工作,后称为茂名石化医院。至此,我们结束了长达四年的牛郎织女式的生活,海川也终于可以在父母身边快乐地成长。

从 1974 年调入茂名石化医院，到 1989 年的十余年时间，是我在茂名石化医院妇产科艰苦跋涉、与医院共同成长的漫长岁月。由于大学时部分学业的缺失，加上职工医院的局限性（病例病种较少），以及一些人为的干扰（如论资排辈、技术保守等），要较快地在医疗技术上取得长足进步并非易事。为此，我一方面充分利用业余时间补上专业理论的缺课。另一方面，大量阅读《中华妇产科杂志》等刊登有许多临床案例的实用性杂志、书刊，向书本学习，向同行前辈总结的临床经验学习。为了弥补医院病种少、病例少的不利因素，在医院领导的支持下，我分别于 1979 年和 1985 年前往湛江地区人民医院及广东省人民医院妇产科各进修一年，并于其后又脱产西医学中医半年。这就是在我外出进修期间导致南通体力透支的原因。现在回想起来，或许由于我对自身专业发展过于执著，多少疏忽了对家庭的责任，在这一点上，我是有愧于南通父子三人的。我和南通却坚信，学到的知识总有用得着的时候，为此不停顿地刻苦学习各自的专业知识和英语，为今后事业的大展拳脚积累了力量。

1977 年 1 月 28 日，我在茂名石化医院生下了我们的次子林海天，一看那眉眼便知道是个漂亮小子。由于条件所限，也由于考虑得不够周到，在他出生 54 天后便将他送到茂名石化幼儿园托幼班照料（当时产假为 56 天）。由于没有请专人照顾，他半岁以后患上喘息性支气管炎，一患感冒便咳嗽喘息不止，没少受罪。我们做父母的对此也忧心忡忡。好在经过治疗和调理，在海天五岁以后此病便痊愈。病后请来老家海天的堂姐专职照顾他，由于我们当年的疏忽，没有照顾好海天，至今仍时时感到内疚。

经过十余年的积淀，至 20 世纪 80 年代末期，我已成长为既有专业理论知识，又有较丰富临床经验的中年资深妇产科医生。我要求自己做到"三能"：能说，即对专业知识了然于心，在带教和工作中完整表述；能做，即熟练掌握妇产科各项操作和手术，并能指导下级医生；能写，即能及时准确地总结临床实践经验，并将其上升为高质量的医学论文。在我来到茂名石化医院之前,茂名石化医院已对全公司职工开展每年一度的体格检查,医院积累了大量的基础资料,可是无人将其进行总结分析并用以指导今后疾病的防治工作。看到这一点,我立即利用业余时间调取近十年的女职工妇科疾病体检资料,经过对每一年度各病种数量的统计、列表、比较和统计学的处理等,得出有说服力的结论并从医学的角度讨论分析今后妇女病防治工作的重点。由于大规模的职工体检当时只有大型企业才能做得到,所以该课题在广东省具有新颖性和代表性。我所撰写的论文《茂名石油化工公司十年妇女病普查普治》一文在1992年广东省妇产科年会论文交流会上获得优秀论文奖,并在同年被评为茂名市科技进步三等奖,可谓一炮打响,在我们医院开了先例。

20世纪90年代初,随着改革开放的深入,医院也在改革中大步前进。我成为茂名石化医院妇产科主任,肩上的担子重了,却也更有利于发挥自己的才智和抱负。我采取的措施是:以不断提高全科业务技术水平和保证医疗工作安全为科室管理核心,在全科倡导以努力钻研业务技术为荣的思想。尽管茂名石化医院是"二级甲等"医院,而妇产科却以"三级甲等"医院的标准严格要求自己。我们建全三级查房制度,科主任大查房,危重病例讨论,术前病例讨论,死亡病例讨论等,一个也不能少。同时我身先士卒,不设科主任办公室,始终与一线的医护人员工作在一起,哪里有急、危重及疑难病人,我就出现在哪里,起到很好的表率作用。由于成绩突出,我多次被茂名石化医院授予"优秀科主任"称号,我所在的妇产科多次被评为医院的优秀科室。1998年,妇产科作为全院唯一的科室,被广东省卫生厅指定为"医学继续再教育基地"。

早在大学实习期间,我曾经听过同济医院顾美皎教授的一堂小课,内容是"妇科内分泌学",引起了我极大的兴趣。人体是如此复杂、神秘,探索其中的奥妙一定其乐无穷。而不孕症,不但与男、女内分泌功能息息相关,同时也与女性某些纤细而又繁复的生殖器官的健康状况息息相关。位于盆腔深处的双侧输卵管是精子和卵子相遇、受精并形成受精卵的场所,通过输卵管内腔纤毛的定向运动及其管壁肌肉的收缩和蠕动作用,受精卵通过输卵管开口于子宫的狭窄部进入宽大的子宫,胚胎得以继续发育、成熟而达到生育的目的。可叹的是,人类输卵管的内径只有0.5～5毫米,而长度却有8～15厘米,可见这条通道太重要而又太脆弱了。有些妇女由于以往的盆腔炎症或生殖系统的先天性发育不良,导致输卵管粘连堵塞或通而不畅,不但难以受孕,甚则会引起危及生命的宫外孕(输卵管妊娠)。出于浓厚的兴趣以及临床工作的需要,自20世纪80年代开始,我就主攻女性不孕症。在既往的检查治疗手段已远远不能满足临床需要的情况下,90年代初,远在首都的北京协和医院妇产科传来佳音,他们率先从西方发达国家引进先进的妇科电视腹腔镜技术,只需在腹部皮肤切开1厘米的切口,置入连接有冷光源的"腹腔镜",医生便可在显示屏上观察整个盆腔的情况,借助纤维镜的放大作用,盆腹腔内部结构就纤毫毕现,病变无处藏匿,而且医生可以通过操作孔探入微小器械进行手术操作,如松解输卵管与周围组织的粘连,恢复其正常的解剖形态及通畅度等。所以腹腔镜是融诊断与治疗为一体,微创诊治不孕症的利器。

20世纪90年代初,即使是在医疗技术和设备条件优越的广州市,当时也只有少数几家医科大学的附属医院正在引进妇科腹腔镜,技术还未达成熟。粤西地区如位于湛江市的广东医学院附属医院尚未开展该项技术。作为一家"二级甲等"职工医院的妇产科,我们能开展吗? 当时我已年近五旬,是规避风险、固守传统的手术方式,还是迎难而上、做引进新技术的开拓者? 为了满足日益增长的临床工作需要,为众多不孕症家庭带来新的希望,我选择了后者。

我的腹腔镜"情结"还来自20世纪80年代末我所阅读的英文版专著《妇科腹腔镜手术学》,从书中我系统地了解了腹腔镜的起源及发展过程。该技术在早期开展时充满风险,举步维艰,经过医学家们近一个世纪的探索,尤其是到80年代后期欧美发达国家制造业的快速发展,研制出高性能的电视腹腔镜全套设备,使该项技术在一些发达国家得到逐步发展。1991年2月,荀祖武完成我国第一例腹腔镜胆囊切除术,1993年,第二军医大学长海医院妇产科刘彦教授进行了国内第一例腹腔镜子宫切除术。腹腔镜颠覆了传统手术的大切口操作,因此对器械设备的性能及手术医生的操作水平的要求更高。性能良好的设备和器械虽然在一定程度上保障了手术的安全性,但手术医生要在显示屏下使用延长的器械对盆腔内的病变进行切割、电凝止血、缝合等远距离操作,风险无处不在。穿刺针误伤大血管、气腹引起的血管内气栓、电器械操作不慎引起的电灼伤等,在早期的手术中都见诸报道。业内有一种说法,即对于腹腔镜手术而言,如果处理不当,则"微创"可变为"巨创"。为此,我们抽调了包括骨干医师、护士长、资深麻醉师等人员在内的精兵强将,组成腹腔镜手术小组,由我亲自挂帅学习新技术。我们抱着如履薄冰、如临深渊的谨慎态度和严谨的科学精神迎接新的挑战。

万事俱备,只欠东风。在医院领导的大力支持下,1995年年初,我们医院筹措资金购买了德国"狼"牌腹腔镜全套设备。当年五月,我们请来了北京协和医院妇产科年过六旬的孙爱达教授来我们医院现场指导。孙教授是我国开展妇科腹腔镜最早,手术例数做得最多的资深专家之一。她不辞劳苦,亲自指导开展此项新技术。从设备的性能及使用方法、消毒维护保养,到具体的手术操作步骤等,事无巨细,倾囊相授,手把手地带教。腹腔镜手术小组的成员认真学习,加班加点,在短短三天时间内,在孙教授的指导下,安全完成腹腔镜检查和治疗手术三十余例,从而掌握了正确的手术方法,积累了经验。至此,该项技术在我科稳步推进,手术例数越来越多,技术难度也越来越大。从最初的盆腔粘连松解术、输卵管疏通术发展到宫外孕手术、卵巢囊肿摘除术等,做到了小切口解决大问题的目的。尤其使妇产科突破瓶颈,在女性不孕症的诊治方面上了一个新台阶。由于腹腔镜手术具有创伤小、出血少、痛感轻、恢复快、术后当天即可下床等优点,该手术深受患者欢迎。

乘此东风,马不停蹄,我们于1996年下半年继腹腔镜技术后又引进一新技术——电子宫腔镜。子宫是一个如女性拳头大小的肌性器官,在非孕状态下,子宫腔的前后壁是贴合在一起的,只有一张邮票那么大,呈三角形。肉眼无法看到子宫腔的形态,即使B型超声检查,也无法明确检视较小的病变,更遑论治疗。我们请国内开展宫腔镜手术的先行者、北京复兴医院妇产科夏恩兰教授专程前来我院指导,开学术讲座,指导手术。当我们用膨宫液将只有一张邮票大小的宫腔平面扩大以后,在电子显视屏上清楚地呈现出一汪如小池塘般的景象,粉红色的子宫内膜在液体中漂浮,内膜血管清晰可见,子宫腔内的一切可谓一览无余,使医生们体验到"眼见为实"的畅快。通过子宫腔镜,我们为患者取出过断裂遗留在宫内的节育器残片,取出过经多次清宫未能取出的妊娠残余物,切除子宫内膜息肉和黏膜下子宫肌瘤,切除先天性子宫纵隔和引起顽固性出血的子宫内膜,在宫、腹腔镜联合手术中进行输卵管疏通术,等等。可以说,"两镜"的使用使我们妇产科在对妇科疾病的诊断和治疗上从必然王国走进了自然王国,并跻身于国内大医院的行列,在1996年广东省医学会年会总结报告中,我们院的妇产科再一次获得好评。我们妇产科作为广东省医学继续再教育基地,接收云南省人民医院及贵州省遵义医学院附属医院的妇产科同仁前来进修学习"两镜"技术,大医院的医生到小医院来学习,这在过去是不可想象的。为了紧跟前沿,总结经验,以利提高,我们不失时机地撰写学术论文,积极参加"两镜"的全国性研讨会,足迹遍及北京、上海、广州、深圳、西安、长沙和贵阳等地,受益颇丰。自1996年至2008年,仅我们医院妇产科"两镜"的开展项目就获得茂名市人民政府颁发的科技进步奖七项,其中,"腹腔镜技术在妇科临床的应用"等六项获三等奖,"宫腔镜子宫内膜切除术治疗月经疾患"一项获二等奖。2005年1月21日,茂名石化医院举办"妇科内镜学术交流会",并颁发"蔡絮吟主任开展腹腔镜技术十周年特别贡献奖"。

其间,我于1997年晋升为妇产科主任医师;1999年5月我被选聘为广东省医学会妇产科学会第八、第九届委员,内镜学组委员;2002年被聘为广东省及茂名市医学会医疗事故技术鉴定专家库成员;2005年至2009年获聘广东医学院妇产科专业研究生硕士学术论文评阅(答辩)专家。此外,1996年1月,我被评为"中国石化茂名石化公司劳动模范",1997年8月被评为"茂名市先进工作者",1999年4月获颁"国务院政府特殊津贴"专家,1999年4月获"茂名市优秀共产党员"光荣称号。

1998年"六一"国际儿童节前夕,我作为七位家长之一,获邀参加由省妇儿工委、省妇联、省教育厅联合举办的广东省"以德育人,教子有方"优秀家长巡回报告团。报告团在广州、佛山、肇庆、云浮及清远五市做巡回报告,以此作为送给孩子和家长们的"六一"特殊礼物。参加报告团的家长还有:以深厚的父母之爱,悉心照料和鼓励患严重先天性残疾的女儿,勇于与命运作不屈的斗争,让女儿不但学会了生活自理,而且成为品学兼优的"三好"学生的佛山市赵子敬家庭;有排除干扰、尊重孩了的兴趣和选择,"狠心"将年仅5岁的儿子吴伟欢送到体校当一名技巧运动员的揭阳市吴映波家庭(通过艰苦训练和不懈努力,吴伟欢三次夺得技巧项目的世界冠军,为国争光);有女儿是见义勇为、勇斗歹徒的女战士邱玲的韶关市的邱创仁家庭;有以博大的胸怀,收养并教育一名年幼的孤儿,使其健康幸福成长的军嫂、湛江市的曹桂香家庭等。

在广州的主场报告会上,我第一个发言。主持人王泰兴这样介绍我的家庭:"茂名石化医院的蔡絮吟主任有一个温馨和睦、奋发向上的家庭。他们夫妻俩言传身教,育子成才,取得显著成绩……"热烈的掌声把我迎上演讲台。我介绍了我的家庭,我和丈夫林南通都是大学生,为祖国的繁荣昌盛贡献毕生力量是我们这一代人的崇高理想。因此,对祖国的爱,对事业的执着追求是我们家庭生活的主基调。我们以身作则,言传身教,鼓励两个孩子"自尊、自爱、自立、自强",努力学习科学知识;从小事做起,培养良好的社会公德;培养孩子艰苦朴素的生活作风及独立自主的能力,引导孩子树立远大理想和脚踏实地的学习作风。有一次我爱人出差,我在外地进修,只好让大儿子到邻居家搭伙,当时只有两三岁的小儿子则拜托幼儿园的阿姨下班后将他带回阿姨家住几天。讲到这里时,我哽咽了,场下也一片寂静,有人在唏嘘,有人在抹眼泪。当我讲到通过我们的不懈努力,终于在事业及孩子的培养上获得可喜的成绩,大儿子林海川1993年以优异的成绩毕业于厦门大学经济学院国际金融专业,现已在广东东莞踏上自主创业征程;小儿子林海天在1995年的高考中,以广东省理科第一名的好成绩进入北京大学学习时,会场再一次响起热烈的掌声。其他六位家长依次走上演讲台,他们声情并茂地讲述各自家庭的故事,以及教育子女的亲身经历和体会,现身说法,给听众以启示,获得一次又一次的热烈掌声。广州主场报告会在热烈的掌声中结束。记者们忙着拍照、采访,许多家长久久不愿离去,有的拉着我们的手讲述他们的感想……许多听众找到省妇联的同志索要报告会的书面材料。此后我们又马不停蹄地辗转于云浮、肇庆、佛山和清远四市,所到之处均受到当地党政领导及有关部门的热烈欢迎。每一场报告会都座无虚席,听众反响强烈,巡回报告达到了预期效果。6月4日,广东省妇女儿童工委为我们颁发了荣誉证书。七位家长依依惜别,启程返回各自的工作岗位。

广东省妇联的领导告诉我们,参加本次广东省"以德育人,教子有方"优秀家长巡回报告团的七位家长是从全省各地推荐出来的二十多位家长中选拔出来的,具有一定的代表性。他们中有知识分子、干部,更多的是工人、农民和普通群众。这些家长的共同特点是,在自身的工作、劳动岗位上勤勤恳恳,兢兢业业。在家庭教育中,重品德教育,为孩子的健康成长营造良好的家庭氛围。因而培养出了技巧项目世界冠军,见义勇为的解放军女战士,高考状元,优秀学生干部等。这些孩子的共同特点是德智体美全面发展。任重而道远,家庭教育难,也不难,只要家长牢记,父母是孩子的一面镜子,"要正人,先正己",则没有教不好的孩子。

时光荏苒,犹如白驹过隙。1998年至今,已过去了二十余年,但当年有幸参加"广东省优秀家长巡回报告团"的场景,仍历历在目,时时给我以鼓励和振奋。

(2021年10月29日)

七 你中有我

蔡絮吟

我的丈夫林南通先生从茂名石化公司退休已二十多年。退休后他一边在宏川集团协助工作,发挥余热,一边利用空余时间撰写回忆录。他超人的记忆力和认真的写作态度让我既感动又佩服。

既然是回忆录,其内容必定会涉及家庭和妻儿。于是,我有了一个大胆的设想:何不将以我个人为主的经历,以我的视角写下来,作为一个独立的章节,插入他的回忆录中? 或能起到你中有我、相得益彰的效果呢。

经过数次修改,当我完成了我的这部分回忆文章后,不禁掩卷长思,感慨万千。回顾我的成长历程和职业生涯,我最想说的就是"感恩"。感恩我生长在一个和平的、到处充满阳光的社会主义国家,在党和人民的关怀下,受到高等教育并从事自己热爱的医疗卫生事业;感恩我已逝去的祖父母,是他们的温暖和疼爱,让我度过了一个幸福的、充满幻想和乡土气息的童年;感谢我已逝去的父母,是他们让我有机会融入更大的世界。他们用自己微薄的工资,培养四个子女读书、成长。虽然他们不善言辞,但却以朴素的言行教给我们为人处事的准则;感谢我的兄长、弟弟和妹妹,即使是在物资相对匮乏的年代里,我们也依旧相亲相爱,共渡难关;感谢我的丈夫林南通先生,因为他的行事风格应了一句老话:潮汕男人顾家,疼老婆,确实如此。我们志同道合、相濡以沫,连结我们坚实的纽带是两个可爱的孩子。当然,我还要感谢我的两个孩子,他们的自立自强、刻苦好学,正派而又坚毅的品格,使他们在各自的领域做出骄人的成绩,我为他们骄傲!

　　我要感谢茂名石化医院的历届领导,没有他们的远见卓识和支持,我将一事无成。在此,我要特别感谢历任广东医学院附属医院副院长、党委书记兼妇产科主任、妇科肿瘤专家李英勇教授。李教授早年是武汉同济医科大学附属同济医院妇产科蔡桂茹教授的研究生,与我算得上是师出同门。李教授对我们医院妇产科的业务发展,尤其在妇科肿瘤和"两镜"领域,给予了毫无保留的支持和指导。我要感谢我在每一个工作岗位上遇到的同事、朋友们,你们永远都是那么友善,那么合作。我尤其要感谢茂名石化医院妇产科老、中、青三代的同事们,在他们的努力和坚守下,妇产科永远都是那个在工作中发扬"团结、紧张、严肃、活泼"精神的准军事化战斗集体,而在精神文明的领域里,却是一个充满情趣和正能量的姹紫嫣红的小百花园。还记得在医院春节联欢晚会上,妇产科献演的服装表演,在优美动听的音乐声中,天使们迈着猫步,穿着心仪的美装,款款步上舞台,老有老的优雅,中有中的端庄,小有小的活泼……还记得妇产科献演的铿锵有力的大合唱《四渡赤水出奇兵》,"横断山,路难行……我军乘胜赶路程",这也是我们在从医征途上克服无数艰难险阻,取得耀眼成绩的真实写照。回忆起峥嵘岁月的点点滴滴,令人泪目。我还要感谢我的病人朋友们,正是他们的信赖和期望,让我在四十多年的从医生涯中,始终步伐坚定,勇往直前。我还要感谢在求学期间朝夕相伴的老同学们,他们的青春形象永远刻在我的脑海里。他们总是用"放大镜"来发现我的哪怕是一点点的长处和成绩,然后发自内心地不吝赞美之词,给我以鼓励,使我感受到如果我不更加努力,便是对这些美好赞词和期待的亵渎!感谢东莞市老年大学的诗友们,我们一起游赏,一起赋诗作对,为晚年生活增添了无穷的乐趣。太多的人,太多的事让我感恩、感动,在此不一一列出各位的大名。但我相信,只要你们读了拙文,定能从中找到自己的身影并发出会心的微笑。

(2021 年 10 月 29 日)

第七卷
镜头下的幸福家庭

几代人的努力奋斗和坚韧不拔，一步一个脚印建立起和睦幸福大家庭。

一

家庭的荣誉

林南通的高级工程师证书

林南通的专家证书

林南通享受国务院政府特殊津贴证书

林南通获孝亲敬老之星荣誉证书

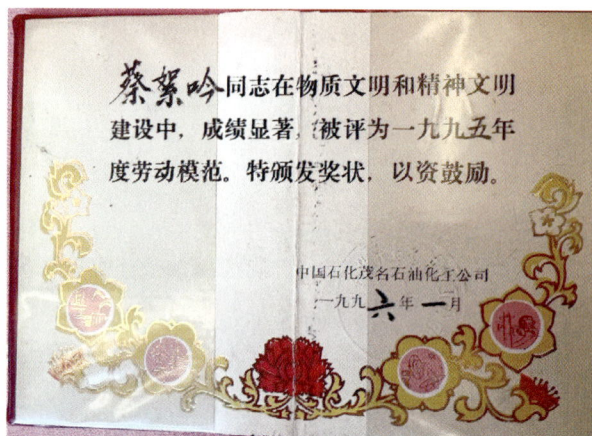

蔡絮吟的茂名石化公司劳动模范奖状(1995年)

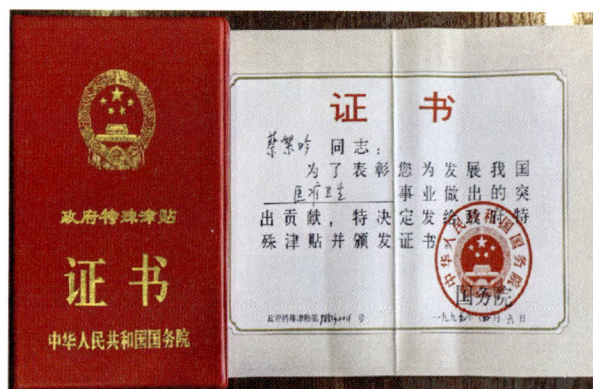

蔡絮吟享受国务院政府特殊津贴证书

蔡絮吟(右)工作照

林南通(右)向中石化研究院卢成秋院长（中）
汇报工作(1993年)

林南通参加中石化总公司
石油焦考察团访问法国(1999年9月)

林南通(左图右边,右图右一)接待中石化总公司领导视察茂名分公司(2008年10月)

林海川荣获2011-2012年度东莞市优秀民营企业家称号

林海川荣获中国优秀创新企业家荣誉称号（2010年8月22日）

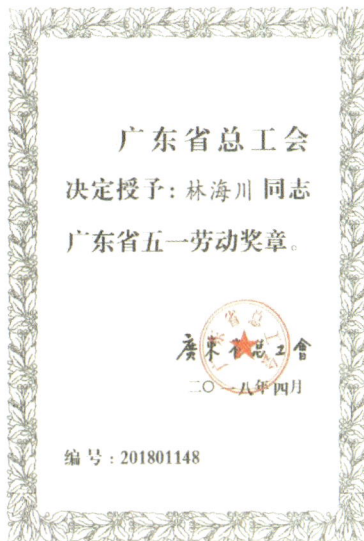

林海川的广东省五一劳动奖章证书(2018年4月)

林海川的广东省劳动模范证书(2020年10月)

林海天的工商管理硕士学位证书

廖静(林海天的妻子)的伦敦商学院毕业证书

廖静的伦敦商学院金融分析师证书

林海川的政协广东省东莞市第十二届委员证书

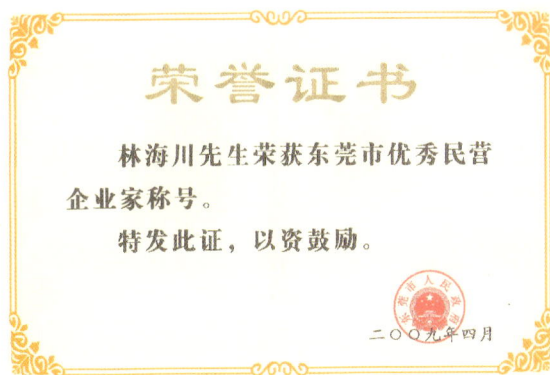

林海川荣获东莞市优秀民营企业家称号（2009年4月）

林海川的学士学位证书

林海川的工商管理硕士学位证书

林海川的香港城市大学
博士学位证书

林海川在宏川智慧上市仪式上讲话

林海川、潘俊玲夫妇向母校厦门
大学捐赠

林海川在世界莞商颁奖大会上
领奖（2012年）

林海川被评为广东省劳动模范留影

二

家的幸福记忆

林南通的全家福（1985年春节）

林南通夫妇和林海川夫妇合影（1997年春节）

林南通在南非好望角（1993年）

林南通在新疆（1995年）

林南通夫妇合影(1998年春节)

林南通全家与亲戚游孙中山旧居(2001年)

林南通夫妇第一次到新加坡探望林海天时一家三口在东海岸边公园合影(2002年)

林南通夫妇第一次到新加坡探望海天时合影(2002年)

林南通夫妇到北京探望海天时在雪地留影(2002年冬)

林南通夫妇携林海川夫妇到武汉探望蔡絮吟的父母时留影(2003年)

林南通夫妇与小儿媳廖静在新加坡圣淘沙公园留影(2015年春节)

林南通(右三)回母校南开大学与老同学合影(2013年9月)

林南通、蔡絮吟夫妇在新加坡(2020年春节)

蔡絮吟女士在新加坡(2020年春节)

林南通夫妇到浙江绍兴市旅游留影(2011年)

林南通夫妇和林海天全家合影(2020年春节)

林南通夫妇游江苏宜兴竹海（2022年7月28日）

林南通夫妇在新西兰（2004年11月）

林海川父子在林南通的七十寿宴上

蔡絮吟在林南通七十寿宴上与孙子、孙女合影

林南通七十寿宴上，林南通夫妇与大儿子全家一起切蛋糕

林南通七十寿宴上，林南通夫妇与大儿子全家合影

林南通夫妇和林海川全家游珠海长隆动物园(2014年)

后记

退休之后，我总觉得自己一辈子虽然没有做出很大的成绩，但是踏实做人、勤奋创业的经历还是很有必要记录下来，付与后辈。我虽然生于旧社会，但成长在新中国，成长过程中得到家庭和社会各界的呵护和培养，养成阳光向上、不断追求进步的品德，也因此取得了一些成绩。这必须感谢我遇到的领导和朋友们！

这本回忆录的出版首先感谢解尚明博士的慧眼和鼎力支持及无私帮助。尚明博士是我们夫妻的忘年交，也是我的长子海川的挚友。我们一家经常和他一起讨论各种家庭和社会问题，相互得益。

感谢上海财经大学出版社台啸天副编审和各位老师的帮助。感谢他们的全力支持！

感谢原工作单位茂名石化公司和宏川集团的同仁们对我工作的大力支持！因水平有限，本回忆录难免有不妥之处，敬请批评指正，深表感谢。

如果这本回忆录对您有所启发，我将感到无限欣慰。

林南通
二零二四年五月一日于广东东莞